MERIAN *live!*

W0047368

Kreuzfahrt im Arabischen Meer

Birgit Müller-Wöbcke lebt im Rhein-
gau. Nach ihrem Studium hat sie ihre
Reiseleidenschaft zum Beruf gemacht.
Die Emirate besuchte sie erstmals vor
20 Jahren und seitdem jedes Jahr.

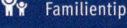 Familientipps

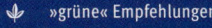 »grüne« Empfehlungen

 Ausflüge

Preise für ein dreigängiges Menü ohne
Getränke:

€€€€ ab 40 €   €€ ab 20 €
€€€ ab 30 €   € bis 10 €

Inhalt

◄ Blick auf die Skyline von Abu Dhabi
(► S. 52), eines der Kreuzfahrt-Highlights.

Unterwegs im Arabischen Meer 32

Wissenswertes über das Arabische Meer 128

✳ Karten und Pläne

Willkommen im Arabischen Meer. Das schwimmende Hotel durchkreuzt Raum und Zeit und bringt die Reisenden vom arabischen Mittelalter ins dritte Jahrtausend.

Nur langsam lassen wir Dubai hinter uns, denn immer weiter dehnen sich die Hochhäuser und Wolkenkratzer ins Landesinnere aus. Schließlich säumen nur noch Wüstendünen die Straße, hinter den Drahtzäunen grasen Kamele vor silbern schimmernden Sträuchern. Wir verlassen die asphaltierte Straße, und hinein geht es in den gigantischen Sandkasten.

Abenteuer Landgang

Mit halsbrecherischem Tempo rast unser Fahrer auf einen der Sandberge zu, erklimmt den Gipfel, und schon geht es in den rotgolden glänzenden Abgrund. Ali, unser jemenitischer Fahrer, genießt es sichtlich, seine Fahrkünste zum Einsatz zu bringen. »Don't worry!«, beruhigt er uns. Schließlich entspannen wir uns, nicht zuletzt, weil wir am Horizont unser Ziel erkennen: ein Beduinencamp. Auf Teppichen und Kissen sitzt man auf dem Boden, bedient sich von einem Buffet mit arabischen Köstlichkeiten. Orientalische Musik, ein paar Beduinen-Frauen, die anbieten, unsere Hände mit Henna zu tätowieren, ein Einheimischer, der uns in weißer Dishdasha und mit einem Falken auf dem Arm begrüßt. Bevor es Zeit wird, wieder an Bord zurückzufahren, genießen wir noch ein paar Stunden das Erlebnis Wüste.

◄ Burj Khalifa (► S. 36) in Dubai: das höchste Gebäude der Welt.

Tradition und Luxus

Auf einer Kreuzfahrt in den Gewässern um die Arabische Halbinsel hört man es immer wieder: »Ahlan wa Salam« – ein herzliches »Willkommen«. Früher, in den beduinisch geprägten Gesellschaften vor dem Ölboom, konnte man zu jeder Tageszeit in einem Haus erscheinen und sicher sein, auf diese Weise empfangen und mit allerlei Speisen und Getränken umsorgt zu werden. Mit dem äußeren Reichtum hat sich vieles verändert, und die Einheimischen machen sich rar im öffentlichen Leben. Sie umgibt eine stolze, selbstbewusste Ausstrahlung – in Dubai und Abu Dhabi ebenso wie in Qatar, den reichsten Regionen, auch eine besonders unnahbare Aura. Tatsächlich gehören die »locals« oder »nationals«, wie sich selbst nennen, inzwischen zu Minderheiten in ihren Ländern. Nur durch den massiven Zuzug von ausländischen Arbeitskräften konnte vor einigen Jahrzehnten die Transformation von kleinen Hafenorten in Weltmetropolen gelingen.

Unverändert geblieben ist hingegen das religiöse Leben: Islam, was übersetzt »Hingabe zu Gott« heißt, ist Richtschnur des äußeren wie inneren Lebens der Einheimischen. Fünfmal am Tag ertönt der Ruf des Muezzins vom Minarett, und die Männer strömen zum Gebet. Mit der Gebetskette in der einen, dem Handy in der anderen Hand lebt man in den Emiraten im 21. Jh. In den edlen Shoppingmalls und den Gold-Souks erlebt man internationalen Konsum.

Die Vielfalt des Orients

Die Länder im Süden der Arabischen Halbinsel verführen zum Staunen, zum einen durch den grenzenlosen Luxus, dem man hier auf Schritt und Tritt begegnet, und die Umsetzung architektonischer Visionen, die uns Europäer verblüffen, zum anderen auch durch das Nebeneinander von Gegensätzen. Golfturniere und Kamelrennen, Souks wie zu Zeiten von Sindbad dem Seefahrer neben Gucci-Boutiquen, mit der Abaya verschleierte Frauen, die in der Mall die neueste Bademode begutachten, Männer, die große Unternehmen leiten und am Wochenende ein Zelt in der Wüste aufbauen und mit abgerichteten Falken zur Jagd gehen.

Das besonders Reizvolle auf einer Kreuzfahrt im Arabischen Meer ist die Möglichkeit, in kurzer Zeit die ganze Vielfalt arabischer Länder und deren Entwicklung kennenzulernen. Bereits die sieben Emirate, die zusammen die Vereinigten Arabischen Emirate (VAE) bilden, sind höchst unterschiedlich. Im kleinen Inselkönigreich Bahrain sieht man, dass die Uhren eher langsam gehen und touristische Entwicklung noch in den Anfängen steckt. Das Sultanat Oman, wo Einheimische nach wie vor als Fischer und Bauern arbeiten, fasziniert ebenso durch seine vielen Burgen und Forts wie durch die grandiosen Gebirgslandschaften. Im Jemen wiederum fühlt man sich ins arabische Mittelalter versetzt, in ein Land voller landschaftlicher und kultureller Höhepunkte und kaum beeinflusst vom Fortschritt. Wer hier vom Landausflug zurückkehrt, hat viel erlebt und schätzt den Luxus an Bord: »Ahlan wa Salam«.

8

MERIAN-TopTen
MERIAN zeigt Ihnen die Höhepunkte der Region: Das sollten Sie sich bei Ihrer Kreuzfahrt im Arabischen Meer nicht entgehen lassen.

1 **Burj Al Arab, Dubai**
Dubais Hotel-Ikone wurde zum Wahrzeichen der Stadt und ziert sogar die Autokennzeichen (▸ S. 35).

2 **Burj Khalifa, Dubai**
Turmbau zu Dubai: Das mit 828 m Höhe höchste Gebäude der Welt bietet in der 124. Etage eine Aussichtsplattform (▸ S. 36).

3 **The Palm Jumeirah, Dubai**
Mit der Monorail auf die künstliche Insel in Form einer gigantischen Palme (▸ S. 39).

4 **Museum of Islamic Zivilization, Sharjah**
Im ehemaligen Souk Mujarrah lockt eine einmalige Sammlung islamischer Exponate (▸ S. 50).

5 **Sheikh Zayed Grand Mosque, Abu Dhabi**
Die größte Moschee der Arabischen Halbinsel ist auch die schönste (▸ S. 56).

6 **Museum of Islamic Art, Doha, Qatar**
Der architektonische Wunderbau versammelt wertvolle islamische Kunst (▸ S. 70).

 Fort Bahrain, Manama, Bahrain
Die Geschichte der Insel wird mit vielen Fundstücken und Exponaten ansprechend dargestellt (▸ S. 84).

 Souk von Mutrah, Oman
Ein orientalisches Basarviertel wie aus dem arabischen Bilderbuch (▸ S. 90).

 Festung Nakhal, Oman
Am Fuß des Hajargebirges: Die gewaltige Lehmburg birgt hinter hohen Mauern und Rundtürmen so manchen Schatz (▸ S. 100).

 Tawila Cisterns, Aden, Jemen
Über 2000 Jahre alt sind die aus Vulkanstein gehauenen Wasserbecken in der Tamila-Schlucht des Jebel Shamsan (▸ S. 114).

MERIAN-Tipps Mit MERIAN mehr erleben.

Nehmen Sie teil am Leben der Region und entdecken Sie die unbekannten Seiten des Arabischen Meers.

 Local House, Dubai
Ein orientalischer Coffee Shop im alten Windturm-viertel, sogar Camel Burger werden serviert (▸ S. 23).

 Jumeirah Mosque, Dubai
Auch für Nicht-Muslime geöffnet: die Jumeirah-Moschee (▸ S. 39).

 Saadiyat-Modell im Emirates Palace, Abu Dhabi
Erst besichtigt man das Mo-dell der im Bau befindlichen Museumsinsel, anschließend gönnt man sich einen Tee im Palast-Hotel (▸ S. 53).

 Pearls Bar, Abu Dhabi
Edel und in und obendrein mit fantastischem Ausblick (▸ S. 59).

 Stierkampf in Fujairah
Stierkampf auf Arabisch und ohne Blutvergießen: Wenn die Bullen ihre Kräfte messen, geht es lebhaft zu (▸ S. 64).

 Restaurant Al-Mourjan, Doha, Qatar
Einheimische VIPs treffen sich auf der Terrasse über dem Meer und genießen die Skyline (▸ S. 72).

 Souq al-Waqif, Doha, Qatar
Treffpunkt der Bevölkerung sind die Läden, Cafés und stimmungsvollen Restaurants des historischen und perfekt restaurierten Souks (▸ S. 74).

 Bait Muzna, Muscat, Oman
Zeitgenössische omanische Kunst in einem prächtigen arabischen Patio-Haus in Muscats Altstadt (▸ S. 96).

 Weihrauch aus dem Weihrauchland, Salalah, Oman
Der beste Ort zum Einkauf ist das Commercial Center von Salalah: Weihrauch und andere Duftharze (▸ S. 106).

 Hotel Crescent, Aden, Jemen
Glanz und Atmosphäre der britischen Kolonialzeit leben in diesem viktorianischen Haus fort (▸ S. 116).

Ein Fest für die Sinne bietet der Spice
Souk (▶ S. 47) in Dubai: berauschend die
Gerüche, anregend die Farben.

Zu Gast
im Arabischen Meer

Beim Landgang lässt sich die orientalische Vielfalt erleben: die Landesküche mit ihrem Feuerwerk an Gewürzen, die Welt der Souks und die bunten Feste.

Praktische Infos zur Kreuzfahrt. Einige

Informationen, die das Leben an Bord erleichtern und die
Reise angenehm gestalten, von Ein- und Ausschiffen über
Schiff- und Kabinenwahl bis Ausflugsprogramm.

▸ Landgang: Im Hafen von Dubai (▸ S. 35) beginnt der Ausflug in die faszinierende Stadt der Superlative.

Der Arabische Golf und der Golf von Oman gehören nicht zu den klassischen Kreuzfahrtregionen wie beispielsweise die Karibik und das Mittelmeer. Mit dem Aufstieg Dubais und Abu Dhabis zu schillernden Mega-Metropolen und dem Ausbau der touristischen Infrastruktur in Qatar rückten die orientalischen Länder mehr und mehr in den Blickpunkt des Interesses, und Kreuzfahrten in der Region erleben seit einigen Jahren einen Aufschwung.

Eine Kostenfrage

Die Kosten für eine Kreuzfahrt schwanken beträchtlich und sind abhängig von der Saison, der gewählten **Kabinenkategorie** (Kabine oder Suite, innen oder außen) und dem gebotenen Komfort auf See. Ebenso wie bei Hotels lassen sich auch Kreuzfahrtschiffe in Sterne-Kategorien einstufen. Im Drei-Sterne-Segment ist man ab 200 € pro Person und Tag (inkl. Verpflegung) dabei, während es in der Luxusklasse in der Hauptsaison auch schon 800 € sein können. Frühbucher erhalten mitunter Vergünstigungen von mehreren Hundert Euro, ebenso wie Last-Minute-Reisende.

Preislich am günstigsten ist auf Schiffen stets die Innenkabine, die kein Fenster aufweist. Diese verfügt aber in der Regel über einen Fernseher, der mithilfe einer Kamera »Meerblick« ermöglicht. Danach rangieren Außenkabinen mit Sichtbehinderung, etwa durch auf dem umlaufenden Gang befindliche Rettungsboote. Außenkabinen mit freier Sicht oder Balkon sind teurer. Ein Vielfaches kosten Suiten, die neben einem Schlafzimmer auch noch über einen separaten Wohnbereich verfügen sowie – auf modernen Luxuslinern üblich – mit Balkonen ausgestattet sind. Mittlerweile bieten aber immer mehr Kreuzfahrtschiffe einen Balkon auch in einfachen Außenkabinen – ein beträchtlicher Luxus, der viel zur Qualität einer Reise beiträgt und für die meisten Gäste zum absoluten Lieblingsplatz an Bord wird. Kostengünstiger sind auch Kabinen im vorderen Schiffsbereich, da dort mitunter stärkere Schiffsbewegungen auftreten können; am ruhigsten sind Kabinen in der Schiffsmitte. Im hinteren Bereich des Schiffs, achtern genannt, sind die Maschinen oftmals nicht nur deutlich zu hören, sondern auch in Form von Vibrationen zu spüren. Dazu gilt: Je höher die Kabine liegt, desto leiser und komfortabler ist sie. Unten werden sie kleiner, auch die Fenster, die noch weiter unten zu Bullaugen werden und sich nicht mehr öffnen lassen.

Das richtige Schiff

Unterschiedlich ist die Anzahl der Passagiere auf Kreuzfahrtschiffen. Ein wichtiges Kriterium bei der **Wahl** eines Schiffes ist daher auch dessen Größe. Neuere Schiffe, die 14 Decks (Stockwerke) und mehr zählen, können weit über 3000 Passagiere an Bord nehmen. Dies bedeutet auf der einen Seite ein großes Angebot an Unterhaltungs- und Restaurantmöglichkeiten, kann auf der anderen Seite auch von Nachteil sein, etwa wenn sich bei Familien mit Kindern der Nachwuchs eher schwer zurechtfindet.

Die richtige Flotte

Luxuriösestes Kreuzfahrtschiff der Welt ist nach wie vor die zur Hapag-Lloyd gehörende **MS Europa** (mit sechs Sternen). Der 1999 gebaute Luxusliner verfügt über ein außergewöhnlich großes Platzangebot in den nur 204 Balkon-Kabinen. Neben den von hoch dekorierten Köchen zubereiteten Menüs, der freien Sitzplatzwahl und einem Bordpersonal, das den Gästen fast jeden Wunsch erfüllt, sowie exquisiten Unterhaltungsangeboten wird auch ein maßgeschneidertes Ausflugsprogramm geboten, das höchsten Luxus und Individualität vereint. Im Arabischen Golf und im Golf von Oman ist das Kreuzfahrtschiff mehrmals pro Jahr unterwegs, mitunter auch auf der Strecke ins Mittelmeer bzw. weiter in Richtung Asien.

Wenn man auf einem anderen Kreuzfahrtschiff ein ähnlich hohes Niveau wie auf der MS Europa erreichen möchte, bleibt nur die Möglichkeit, sich im gesonderten VIP-Bereich einzubuchen, um eine Suite mit eigenem Butler-Service, privater Rezeption, einem ausschließlich den VIP-Gästen vorbehaltenem Pool-Bereich sowie eigener Panorama-Lounge zu genießen. Dieser Service setzt sich fort auf den Landausflügen, die man getrennt vom Gros der übrigen Passagiere in Limousinen und mit individueller Führung unternimmt.

An Bord des »Traumschiffs«

Deutsche Kreuzfahrttradition auf hohem Niveau verspricht auch die 1972 gegründete **Peter Deilmann Reederei** (www.deilmann-kreuzfahrten.de) aus Holstein. Flaggschiff ist die MS Deutschland (1998), einem Millionenpublikum bekannt geworden durch die Dreharbeiten zur ZDF-Serie »Traumschiff«. Die an Blattgold reiche Inneneinrichtung erweckt den Jugendstil und die Zwanzigerjahre wieder zum Leben, Kunstobjekte und Gemälde schmücken die öffentlichen Räume, und die Kabinen lassen sich mit Schlüsseln statt Codekarten öffnen. Die 520 Passagiere (280 Mann Besatzung) kommen in den Genuss von drei Restaurants, anspruchsvollen Sport- und Wellness-Angeboten sowie diversen Unterhaltungsmöglichkeiten (u. a. auch Lektorenvorträge und Literatur-Lesungen). Die Kabinen sind wohnlich und elegant ausgestattet, verfügen über Flachbildfernsehen, Schreibtisch und Minibar, in der einfachsten Kategorie, Kabinett genannt, jedoch nur 12 qm Platz. Gelungen in jeder Hinsicht ist die Kinderbetreuung, sei es an Bord, wo neben Pool-Parties, Golf-Kursen und einer eigenen Kinderbibliothek auch Piratenfeste und Kinderkino für Abwechslung sorgen, oder an Land, wo für Kinder eigens auf ihre Bedürfnisse zugeschnittene Ausflüge bereitstehen. Das jährlich wechselnde Kreuzfahrtprogramm verzeichnet stets auch mehrere Touren, auf denen die Vereinigten Arabischen Emirate und Oman angelaufen werden.

Junges Publikum

Zu den beliebtesten Kreuzfahrtschiffen gehören in Deutschland die Ozeanriesen der Reederei **AIDA Cruises** (www.aida.de), eine Flotte, die eine unprätentiöse, junge Club-Atmosphäre mit Animation und viel Unterhaltung bietet. Abendlicher Treffpunkt der Reisenden ist das sich über drei Decks ziehende und 3000 qm umfassende Theatrium, hier verschmelzen Marktplatz, Theater und Bars zu einem kommunikativen Gesamterlebnis. Ein vielfältiges Spa-Angebot verwöhnt Körper und Seele, für aktive Erholung sorgt das Sportprogramm an Bord und bei Landausflügen. Die mit Augen und Mund bemalten Schiffe bieten in warmen Farben ausgestattete Kabinen, oftmals jedoch nur 14 qm groß. Zu den AIDA-Kunden gehören auffallend viele Stammkunden, die mit den Schiffen der Linien bereits alle Weltmeere durchkreuzt haben. Mehrere interessante Kombinationen, auf denen Dubai, Oman, Bahrain, z. T. auch der Jemen angelaufen werden, werden jährlich neu veranstaltet, teilweise auch in Verbindung mit asiatischen Zielen, sogenannten Transasien-Routen.

Reederei mit Tradition

Die italienische **Costa Crociere** (www.costakreuzfahrten.de) kann auf eine lange Tradition zurückblicken, denn bereits 1948 startete das erste Passagierschiff zu seiner Pionierfahrt von Genua nach Buenos Aires. Heute verfügt Costa über 15 Schiffe, üppig und fantasievoll gestylt, ein jedes mit einem anderen Dekor und anderen gestalterischen Schwerpunkten. 2010 wurde die Costa Deliziosa sogar als erstes Schiff in einem Arabischen Emirat feierlich getauft. Als erste Reederei der Welt wurde Costa zudem mit dem Green Star ausgezeichnet, einem Siegel für die Einhaltung von Umweltstandards. Deutschsprachiger Service an Bord, Abholung an der Haustür durch einen separat zu buchenden Pick-Up-Service stellen besonders auch ältere Gäste zufrieden. Das Samsara Spa wiederum

Selbst auf hoher See muss man nicht auf den »grünen« Sport verzichten. Viele Schiffe bieten ihren Passagieren die Möglichkeit, den Abschlag zu üben.

Sicherheit wird großgeschrieben: Am ersten Tag auf See findet eine Seenot-Rettungs-übung (▶ S. 18) statt, deren Teilnahme für alle Reisenden verpflichtend ist.

bietet auf den beiden obersten Decks der Schiffe mit fantastischem Blick auf das Meer ein 6000 qm großes, orientalisch gestyltes Ambiente mit großem Thalasso-Pool sowie ein umfassendes Angebot an Thai-, schwedischen und ayurvedischen Massagetechniken: die richtige Einstimmung für die Landausflüge der Orientkreuzfahrten. Costa bietet u. a. in Italien startende Touren durch den Suezkanal nach Port Said (Ägypten), Jemen, Oman und Dubai sowie einwöchige Kreuzfahrten, die in Dubai starten und nach Bahrain und Oman führen.

Kreuzfahrt mit Stil

Die zwei Kreuzfahrtschiffe von **TUI Cruises** (www.tuicruises.com), »Mein Schiff« und »Mein Schiff 2«, stehen für ein stilvoll-modernes Urlaubserlebnis mit Anspruch. Edel wirkt bereits das an historische Atlantikkreuzer erinnernde, tiefe Blau des Schiffsrumpfes. Kabinengrößen ab 17 qm, besonders schön als Balkonkabinen mit 5 qm großen, nautisch gestalteten Balkondecks, auf denen der Gast nach dem Aufwachen den in seiner Kabine selbst zubereiten Cappuccino trinkt, sind ein weiteres Plus. Zehn anspruchsvoll gestaltete Restaurants und Bistros, darunter das Hauptrestaurant mit angenehmen À-la-carte-Bestellungen, sowie ein großzügiges, luxuriöses Bord-Spa mit Sauna und Dampfbad sowie einer großen Auswahl an (kostenpflichtigen) kosmetischen Anwendungen, eine Ladengalerie, in der auch exklusive Marken geführt werden, sorgen für eine luxuriöse Atmosphäre an Bord. Wem der Sinn nach Ruhe und Einsamkeit steht, der findet auf den Schiffen zahlreiche versteckte Sitzplätze, von denen aus man ungestört das Meer genießen kann. Nette, leichte Unterhaltung hingegen versprechen die abendlich im Theater aufgeführten Musicalproduktionen. Mehrmals jährlich, meist im Frühjahr und Winter, verkehren die TUI-Cruises-Schiffe auf den »Dubai« und »Transarabien« genannten Routen in der Region.

Im Hafen

Unterwegs im Arabischen Golf und im Golf von Oman wird der Reisende bald feststellen, dass nicht alle Destinationen einen Pier für Kreuzfahrtschiffe besitzen und sie vor dem Hafen auf Reede liegen. Hier nimmt der Landgang mehr Zeit in Anspruch. Denn der Transport der Passagiere vom Schiff in den Hafen (und zurück) erfolgt durch Tenderboote für 50 bis 100 Personen. Bei mehreren tausend Passagieren kann das eine geraume Weile dauern.

Klima und Kleidung

Sportlich-leger sollte die Kleidung an Bord der Kreuzfahrtschiffe schon sein, damit man sich wohlfühlt. Nur wenige Kreuzfahrtschiffe haben an Bord eine **Kleiderordnung**, d. h. zum Essen wird Wert auf formale Bekleidung gelegt (lange Hosen, Krawatten, Jackett für Herren, evtl. auch Dinner Jacket, für Damen Abendkleid). Auf US-Schiffen geht es meist etwas legerer zu, hin und wieder tragen die Gäste auch Tank Tops und Shorts zum Dinner. Im Unterschied zu früheren Jahrzehnten besteht heute meist keine strenge Kleiderordnung mehr. Abendkleid und edler, dunkler Anzug hingegen sind noch immer die klassische Bekleidung beim Captain's Welcome und zum Captain's Dinner.

Rücksicht nehmen sollte man beim Kofferpacken auch auf das **Klima** und die **kulturellen Bräuche** der Destination. In der Golfregion herrscht Wüstenklima: In den Wintermonaten wird es nach Einbruch der Dämmerung recht kühl, und deshalb gehören Jacken und wärmende Pullover mit ins Gepäck. Ab März steigen die Temperaturen kontinuierlich, und im August herrschen in den Ländern teilweise Temperaturen über 40 Grad, in den Koffer gehören dann leichte Baumwoll- und Leinenbekleidung sowie Kopfbedeckungen. Enge und kurze oder gar durchscheinende Kleidung sollte man gar nicht erst mitnehmen, da die Kleiderordnung am Golf (mit Ausnahme von Dubai) moslemischen Gepflogenheiten entspricht. Männer sollten sich deshalb nicht in kurzen Hosen auf Landgang begeben, Frauen nicht im Minirock oder engem Top. Für den Besuch einer Moschee sollte man stets ein dünnes Baumwolltuch als Kopfbedeckung griffbereit haben.

Das Einschiffen

Zum Einschiffen muss man genügend Zeit mitbringen. Zunächst wird das Gepäck abgegeben und vom Bordpersonal zur Kabine gebracht. Man erhält eine **Schlüsselkarte**, meist eine Chipkarte mit Foto, die auch als Bord-Ausweis fungiert und zum bargeldlosen Bezahlen verwendet wird sowie der Kontrolle beim Landgang dient. Hierzu wird ein Abzug der Kreditkarte gemacht. Beim Betreten des Schiffes macht man auch die erste Bekanntschaft mit dem **Bordfotografen**; seine Fotos kann man später erwerben. Wenn die **Tischreservierung** nicht

An Bord lassen sich erholsame Tage verbringen, bis eine weitere Perle im Arabischen Meer auftaucht. Dann heißt es: bereit machen zum Landgang.

schon zu Hause erfolgt ist, geschieht dies bald nach dem Einschiffen; in der Regel bedient man die Gäste in zwei Sitzungen. Meist beginnt die erste Tischzeit um 18 Uhr, die zweite um 20.30 Uhr.

Zu Beginn der Reise werden die Passagiere im Rahmen der sogenannten **Seenot-Rettungsübung** auch mit den Sicherheitsbestimmungen an Bord vertraut gemacht. Dazu versammeln sich die Gäste, bekleidet mit Schwimmwesten, an den Rettungsbooten und werden in die Vorgehensweise im Notfall (»Rettung«) eingewiesen.

Kommunikation an Bord

Es lohnt sich, wenn man sich bereits vor Antritt der Reise über sein Schiff informiert. Hierzu kann man auf Reiseunterlagen, Kataloge und das Internet zurückgreifen. Erstmals an Bord, kann man sich dann leichter orientieren. Überall sichtbar angebrachte Deckpläne tun ihr Übriges, dass man sich schnell zurechtfindet und jede Ecke des Kreuzfahrtschiffes kennenlernen wird. Am besten, man nimmt an der ersten **Inormationsveranstaltung** teil, die bald nach Auslaufen des Schiffes in mehreren Sprachen angeboten wird. Per Bordfernsehen, mit Rundschreiben, Durchsagen, Aushängen und Bordzeitungen werden die Passagiere auf Veranstaltungen aufmerksam gemacht, auf weitere Informationsvorträge, die mit den Gepflogenheiten an Bord vertraut machen, auf Freizeit, Sport, Nachtleben und Animationen hinweisen, und auf Vorträge, die den Landgang und Ausflüge vorbereiten. Selbst kleinere Schiffe haben eine Hausdruckerei für das **Tagesprogramm** und ein Aufnahmestudio, das die Gäste unterhält und informiert. Zahlreiche Schiffe beschäftigen Reiseleiter und mit den angesteuerten Ländern bestens vertraute Lektoren, die in abendlichen Multimedia-Präsentationen auf die kommenden Ziele vorbereiten. Wichtig ist auch der Schalter für die **Landausflüge**. Hier kann man weitere Informationen über die Destinationen und Häfen einholen und auch Ausflüge buchen, die etwa aus Sightseeing-Fahrten, Verkostungstouren, Fahrten an besonders schöne Strände oder Aktivtouren bestehen können. Mitunter gibt es am Schalter auch einen Stadtplan der jeweiligen Städte bzw. Landkarten. Gut sortierte **Bordbibliotheken** sind sicherlich weiter anspruchsvolle Möglichkeiten, sich individuell auf das Abenteuer Orient vorzubereiten und die Vorfreude anzuregen.

Das Ausschiffen

Unweigerlich geht die Kreuzfahrt ihrem Ende zu, und es heißt Kofferpacken. Zuvor werden eventuell noch nicht beglichene Rechnungen bezahlt, und auch ein Besuch beim Bordfotografen ist eine gute Idee, um abschließend zu schauen, ob man auf einigen der Fotos auftaucht, und diese als Erinnerung an unvergessliche Tage zu erwerben.

Das eigentliche Ausschiffen kann wieder etwas langwierig werden, doch angesichts der zurückliegenden Tage nehmen dies alle Passagiere mit Gelassenheit und in bester Stimmung hin. Wieder zu Hause, halten nicht zuletzt auch die gelegentlichen Werbebriefe der Reederei (falls Sie hierzu Ihre Zustimmung gegeben haben) die Erinnerung wach und motivieren, bald wieder an Bord zu kommen.

Kreuzfahrten sind aus ökologischer Sicht nicht unumstritten: Auf den riesigen Schiffen wird nicht nur überproportional viel Energie für den reinen Passagiertransport verwendet, sondern auch für andere Dinge wie Wasseraufbereitung oder Heizung. Zudem entstehen täglich mehrere Tonnen Müll sowie Abwässer und Emissionen. Doch die Kreuzfahrtreedereien sind sich ihrer Verantwortung für das Ökosystem Meer inzwischen durchaus bewusst. Die Entwicklung neuartiger Antriebssysteme, technische Innovationen, z. B. bei der Abwasseraufbereitung, oder das Einsparen und Recyceln von Müll sind bei allen großen Anbietern selbstverständlich. Die AIDA-Schiffe beispielsweise sind nach der internationalen Umweltnorm ISO 14001 zertifiziert, und der italienische Anbieter Costa Cruciere arbeitet mit dem WWF Italien zusammen, um maritime Ökoregionen im Mittelmeer zu erhalten.

Während einer Kreuzfahrt durchs Arabische Meer bieten sich Ihnen einige Möglichkeiten, sich an Land umweltbewusst zu verhalten und Menschen zu unterstützen, denen ein verantwortungsvoller Umgang mit der Natur am Herzen liegt, beispielsweise durch den Besuch von Restaurants, die (Bio-)Produkte aus der Region verwenden, oder dem Einkauf in kleinen Läden, die traditionelle Produkte fertigen.

🌿 Grüne Empfehlungen sind durch dieses Symbol gekennzeichnet.

Essen und Trinken
Arabische Speisen sind vielfältig, wohlschmeckend und bekömmlich. Die Gewürze geben den Gerichten ihre unverwechselbare Note. Daneben begeistert man sich für die Küchen der Welt.

◀ Zubereitung eines Hühnchenspießes: Fleisch wurde einst nur an besonderen Festtagen verzehrt.

Araber lieben Brot. In früheren Zeiten benutzte man das frisch aus dem Holzofen stammende **Fladenbrot** sozusagen als Ersatz für die Gabel, und noch heute darf Brot bei keiner Mahlzeit fehlen. Kleine Stückchen werden abgebrochen, in die Speisen getaucht und dann zum Mund geführt. Traditionell kneteten Frauen den Brotteig in flachen Schüsseln und formten daraus Fladen. Diese wurden in die aus Lehm gebauten und mit Reisig beheizten Backöfen des Dorfes gebracht. Frisch aus dem Ofen sind die hoch aufgewölbten Fladenbrote, deren Ober- und Unterseite sich leicht voneinander trennen lassen, eine Delikatesse. Gern füllt man die Fladen auch mit Fleischstückchen, Salat und Joghurtsauce – das »Shawarma« genannte Gericht ist sozusagen der Hamburger des Mittleren Ostens. Die linke Hand bleibt beim Essen übrigens tabu (und unter dem Tisch).

Ein Kosmos exotischer Gewürze

Unverzichtbar für die arabische Küche ist die Vielfalt der Gewürze: Aus Indien und Ostafrika brachten die seefahrenden Omanis schon vor Jahrhunderten exotische Gewürze mit: Schwarzer Pfeffer, Piment, Zimt, Muskatnuss, Kardamom, Kurkuma (Gelbwurz), Kreuzkümmel oder getrocknete Limonen gehören in jede Speise. Gern kreiert man seine eigenen **Gewürzmischungen**, die in einem Glas aufbewahrt werden und beim Zubereiten der Speisen zum Einsatz kommen.

Vor dem Ölboom kannte man in den Emiraten eine eher einfache **beduinische Küche**, die persische und indische Einflüsse zeigte. Kamelmilch und Datteln waren unverzichtbare Bestandteile der Mahlzeiten. Fleisch gehörte zu den Festtagen vorbehaltenen Mahlzeiten, sodass man viele vegetarische Gerichte kannte und schätzte. Wenn heute von **arabischer Küche** die Rede ist, dann ist zumeist die libanesische gemeint – eine Landesküche, die zudem französisch beeinflusst ist und Europäern besonders gut schmeckt.

Kalorienreich, aber köstlich

Aus dem Libanon stammen die mittlerweile überall in den arabischen Ländern verbreiteten, »Mezzeh« genannten **Vorspeisen**, zu denen stets sauer eingelegtes Gemüse (Paprika, Oliven, Zwiebeln, Blumenkohl) gehört. Eine üppige Spezialität ist »Hoummus«, ein Kichererbsenpüree, das mit Sesamöl, Zitronensaft und Gewürzen verrührt wird und das unnachahmlich gut schmeckt. »Moutabel« wiederum heißt das aus gegrillten Auberginen zubereitete und mit Sesamöl und Knoblauch angereicherte Püree. Vitaminreich ist »Tabouleh«, eine Mischung aus Weizenschrot, Petersilie und kleingeschnittenen Zwiebel- und Tomatenstückchen. »Foul Medames« wird ein warm serviertes Gericht aus weißen Bohnen genannt, die in würziger Tomatensauce gekocht werden.

Fisch und Dessert

In den von Meer umgebenen Ländern entwickelte sich eine vielfältige **Fischküche**. Bekannt sind die vielen Arten, Fisch zu würzen und zu marinieren. Neben gegrillten Fisch-filets schätzt man besonders auch Fischcurrys sowie mit Gemüse und Nüssen gefüllten Fisch. Während Schweinefleisch aufgrund des Glaubens tabu ist und Rindfleisch nur selten auf den Tisch kommt, mag

Oft ein gut gehütetes Küchengeheimnis: die Gewürzmischung.

man Lamm und Huhn, die gerne in würzigen Gemüsesaucen zubereitet werden.

Arabische Desserts sind legendär, was ihren Geschmack und ihre Süße angeht. Honig, Rosenwasser, Sirup, Nüsse und Pistazien gehören stets dazu. An den köstlichen englischen Brotpudding, der warm serviert wird, erinnert eine »Umm Ali« (Alis Mutter) genannte Mehlspeise, die ebenfalls aus Brot oder Blätterteig besteht und zusätzlich zur europäischen Variante mit Rosenwasser parfümiert wird.

Indische Gerichte

Weit verbreitet sind indische und pakistanische Restaurants, eine hervorragende Gelegenheit, diese Landesküchen authentisch kennenzulernen. Indisch essen kann man in teuren Restaurants wie in einfachen, von asiatischen Gastarbeitern besuchten Lokalen. Selbst dort, wo es auf den ersten Blick sehr einfach aussieht, ist es hygienisch unbedenklich und das Essen stets köstlich, da die Betreiber auf Stammkundschaft angewiesen sind und solche Gäste haben, die auch tatsächlich die Qualität der Currys beurteilen können. In einfachen Lokalen ist es allerdings stets ratsam, vegetarisch zu essen, zumal die Speisekarten immer eine große Vielfalt an Gemüsegerichten verzeichnen.

Küchen der Welt

In Dubai und Abu Dhabi finden Gourmets ihr Paradies: International bekannte **Sterneköche** (wie Gordon Ramsay, Giorgio Locatelli) kreieren außergewöhnliche Speisenfolgen in erlesen dekorierter Umgebung. Genuss muss aber keineswegs hochpreisig sein. Für ein mittleres Preisniveau kann man sich den Spaß erlauben, die Landesküchen der Welt zu kosten.

Spektakulär ist mitunter auch das Ambiente der Restaurants, sei es, dass man auf einem ins Meer hinausreichenden Pier speist, in einem Drehrestaurant im 22. Stockwerk, unter Wasser neben einem Aquarium oder mit Blick auf eine alpine Skilandschaft. Besonders in Dubai liebt man das Credo »Nichts ist unmöglich«.

Opulente, aufwendig dekorierte Angelegenheiten sind die in den Vier-

und Fünf-Sterne-Hotels veranstalteten kulinarischen **Themenbuffets**. Besonders beliebt sind auch die »Poseidon's Kingdom« genannten Buffets, bei denen Fisch und Meeresfrüchte in ungezählten Variationen serviert werden.

Eine nicht mehr wegzudenkende kulinarische Institution ist der von Einheimischen und europäischen Expatriates gleichermaßen geschätzte »Friday Brunch« der am Freitagmittag, dem arabischen Sonntag, dazu veranlasst, sich mit Freunden oder der ganzen Familie im (Hotel-)Restaurant zu treffen und sich am reichhaltigen Buffet zu bedienen und ausgiebig zu tafeln.

Aus der Quelle

In einigen arabischen Ländern ist den Einheimischen der Konsum von **Alkohol** aus religiösen Gründen untersagt. In Dubai, Abu Dhabi und Bahrain verfügen jedoch die meisten Hotel- und gehobenen Restaurants über eine Ausschanklizenz für Alkohol, in Qatar ist der Genuss nur in ausgewählten Fünf-Sterne-Hotels erlaubt. Ein vom Emir verhängtes Alkoholverbot besteht im Emirat Sharjah, und auch im Jemen ist der Ausschank auf einige wenige Hotels im ganzen Land beschränkt. Als Aperitif zu empfehlen sind hier »Mocktails«, die alkoholfreie Version eines Cocktails, exotische Mischungen frisch gepresster, mit zerstoßenem Eis und mitunter mit Sirup aromatisierter Getränke. Beliebteste Getränke bei den Einheimischen sind arabischer schwarzer Tee (»Tschai«) und Kaffee, mitunter mit Kardamom gewürzt. Die Araber wissen aus Erfahrung, dass es für den Körper bei großer Hitze besser

---

MERIAN-Tipp 1

LOCAL HOUSE, DUBAI
▶ S. 144, C 2

Das Restaurant Local House Coffee Shop & Restaurant serviert vorwiegend genuine emiratische Küche. In diversen (unterschiedlich großen) Räumen oder im Patio sitzt man »arabisch« oder an Tischen und genießt lokale Spezialitäten. Als erstes Restaurant der Emirate schuf das Local House 2010 den »Camel Burger«, cholesterin- und (fast) fettfrei. Guten Appetit!
Dubai, Bur Dubai, Bastakiya, Al-Fahidi Street (gegenüber Musalla Post Office), House No. 51 • Tel. 04/354 07 05 • www.localhousedubai.com • Sa–Do 10–22, Fr 13–23 Uhr • €€€

---

ist, lauwarmen Pfefferminztee oder wenig gekühltes Wasser zu trinken als mit Eiswürfeln versetzte süße Softgetränke.

Angesichts der beträchtlichen Sonneneinstrahlung gehört zu jedem Essen eine große Flasche Wasser. Am preisgünstigsten ist »local water«, Trinkwasser aus der Region, das ein besonders köstliches Trinkvergnügen darstellt, wenn es aus einer der hiesigen Quellen stammt und leicht gekühlt serviert wird.

Empfehlenswerte Restaurants finden Sie bei den Orten im Kapitel ▶ **Unterwegs im Arabischen Meer.**

Preise für ein dreigängiges Menü ohne Getränke:

€€€€ ab 40 €	€€ ab 20 €
€€€ ab 30 €	€ bis 10 €

Einkaufen Für kunstvollen Silberschmuck sind die Souks in Oman und Jemen bekannt, Designerlabels gibt es in Dubai und Abu Dhabi: Die Shoppingvielfalt macht einen besonderen Reiz der Reise aus.

◄ Hochkarätiges von der Stange: Auf dem Gold Souk in Dubai (► S. 38) richtet sich der Preis nach dem Gewicht.

Auf einer Kreuzfahrt bietet sich den Passagieren die Gelegenheit, in kurzer Zeit zu vielen unterschiedlichen Orten zu gelangen und dort der ganzen Fülle an lokalen Einkaufsmöglichkeiten zu begegnen. Schokolade aus Kamelmilch, in Staniolpapier verpackt und in Form von Kamelen verkauft, ist ein originelles, leider bei Wärme nicht besonders haltbares Souvenir.

Wunderbare Welt der Souks

Ein Muss für alle, die die Arabische Halbinsel bereisen, ist der Besuch der lokalen **Souks**, jener typisch arabischen Ladengassen, in denen die gleichen Waren von Dutzenden von nebeneinander liegenden Händlern angeboten werden. In den traditionellen Souks, wie man sie in ihrer schönsten Variante überall im Jemen, in Mutrah (Oman), Doha (Qatar) und Muharraq (Bahrain) kennenlernen kann, ist es vor allem die orientalische Atmosphäre, die begeistert.

Eine Fundgrube traditionellen, nomadischen **Silberschmucks** sind die Souks in Oman und im Jemen. Neben Ketten mit Anhängern – kunstvoll ziselierte Behälter zur Aufbewahrung von Koransuren, bestehend aus kalligrafischen Schriftzeichen –, die mit Türkisen und Halbedelsteinen besetzt sind, Armreifen und schweren silbernen Gürteln sind die schönsten Mitbringsel ein Djambia oder Khanjar, der traditionsreiche Krummdolch aus dem Jemen und Oman.

Einkaufstempel des 21. Jahrhunderts

Dubai besitzt nicht nur die meisten **Shoppingmalls** (fast 50 an der Zahl), sondern mit der Dubai Mall auch die zweitgrößte der Welt, eine auch in architektonischer Hinsicht spektakuläre Adresse. Die ersten Malls entstanden in den 70er-Jahren des vergangenen Jahrhunderts, u. a. auch, um in den Sommermonaten in klimatisch angenehmer, weil klimatisierter Umgebung von Geschäft zu Geschäft schlendern zu können. Heute findet man meist Hunderte von Boutiquen in einer Mall vereint, neben internationaler Designerware (Ralph Lauren, Donna Karan, Gucci, Boss) gibt es vorzügliche Schuhgeschäfte (Timberland, Tod's), Geschäfte für Elektronikzubehör und Elektronikwaren, Parfümerien und Juweliergeschäfte.

Shoppingmalls sind für die einheimische Bevölkerung längst nicht nur Orte zum Einkaufen, sondern vielmehr Zentren des gesellschaftlichen Lebens, wo man sich trifft und vergnügt. Hier besucht man die zahlreichen Cafés und Restaurants, die über die Mall verteilt sind oder den Food Court umgeben, und genießt die angebotenen Unterhaltungsmöglichkeiten der Mall wie Eislauf oder den Besuch eines Kinos. Dubai hat es auch hier wieder auf die Spitze getrieben: Die Mall of the Emirates ist berühmt für eine angeschlossene Indoor-Skiarena, und in der Dubai Mall befindet sich das gewaltige, über mehrere Stockwerke reichende Dubai Aquarium.

Empfehlenswerte Geschäfte und Souks finden Sie bei den Orten im Kapitel ► **Unterwegs im Arabischen Meer.**

Feste und Events
Islamische Feste bestimmen traditionell den Ablauf des Jahres. Sportliche Events und kulturelle Veranstaltungen finden in den Wintermonaten von Oktober bis März statt.

◄ Schaukampf anlässlich des National Day (► S. 28), des Jahrestages des Zusammenschlusses der sieben Scheichtümer.

Die religiösen Feste richten sich nach dem islamischen Kalender, der sich am Mondlauf orientiert und dessen Jahr elf Tage kürzer ist als der gregorianische (Sonnen-)Kalender.

Maulid al-Nabi

Geburtstag des Propheten Mohammed
4. Feb. 2012, 24. Jan. 2013

Lailat al-Miraj

Himmelfahrt des Propheten
16. Juni 2012, 5. Juni 2013

Ramadan

Fastenmonat
20. Juli–18. Aug. 2012, 9. Juli–7. Aug. 2013

Eid al-Fitr

Dreitägiges Fest des Fastenbrechens am Ende des Ramadan
19.–21. Aug. 2012, 8.–10. Aug. 2013

Eid al-Adha

Dreitägiges Opferfest am Ende der Pilgerfahrt nach Mekka
26.–28. Okt. 2012, 16.–18. Okt. 2013

Hejra

Neujahr
15. Nov. 2012, 5. Nov. 2013

JANUAR/FEBRUAR
Dubai Shopping Festival

Ein großer Erfolg: Mehr als zwei Millionen Besucher lassen sich jährlich die hohen Rabatte nicht entgehen, die dann überall in Dubai offeriert werden. Nicht minder reizvoll als die in Aussicht stehenden Schnäppchen ist das üppige Beiprogramm: Modenschauen, Konzerte, Theateraufführungen und jede Menge Feuerwerk.
Mitte Jan. bis Ende Feb. • www.dubai shoppingfestival.com

Muscat Festival, Oman

Ein Fest ganz im Zeichen arabischer Kunst und Kultur, das sich auf Muscats Parks Qurum und Naseem konzentriert. Neben Kunsthandwerksausstellungen, Vernissagen und Modenschauen arabischer Designer gibt es ein beliebtes Food Festival, bei dem traditionelle Speisen gekostet werden können, sowie diverse Segel- und Radsportwettbewerbe.
Ende Jan. bis Ende Feb. • www.muscat-festival.com

Qatar Masters, Doha

Die Golf-Elite der Welt trifft sich innerhalb der European PGA Tour seit 1998 im Doha Golf Club. Das Preisgeld beträgt 2,5 Mio. US$.
Fünf Tage Anfang Feb. • www.qatar-masters.com

Dubai Desert Classic

Professionelle Golfer schlagen ab am Golf: Der Emirates Golf Club empfängt seit 1989 die Spielerelite, es winken hohe Preisgelder.
Eine Woche 1. Feb.-Hälfte • www.dubaidesertclassic.com

Dubai Tennis Championchips

Das Dubai Tennis Stadium des Aviation Club ist Austragungsort der Wettkämpfe zwischen den besten Tennisprofis.
Zwei Wochen 2. Feb.-Hälfte • www.dubaidutyfreetennischampion chips.com

Doha Cultural Festival, Qatar

Das Kulturfestival von Qatar zieht zahlreiche Besucher an und begeistert diese mit Volkstänzen, Theater, Musik, Henna-Malereien und natürlich Feuerwerk.
Eine Woche Anfang März •
www.dohafestival.net

Bahrain Spring of Culture

Eine Vielzahl höchst unterschiedlicher Veranstaltungen und Ausstellungen wie Volkstanz, Theater, Lesungen, Konzerte lockt nach Manama, die Hauptstadt des Königreichs Bahrain.
Vier Wochen im März • www.spring ofculture.org

Bahrain Grand Prix

Das Formel-1-Jahr startet im März auf dem Bahrain International Circuit (BIC).
Drei Tage Mitte März • www.bahrain gp.com

Dubai World Cup

Millionen stehen auf dem Spiel beim bedeutendsten Pferderennen der Welt.
Ende März • Dubai, Nad al Sheba, Meydan Race Course • www.dubai worldcup.com

OKTOBER

Kamelrennen

In der Wintersaison von Oktober bis März werden in den Vereinigten Arabischen Emiraten, Oman und Qatar Kamelrennen veranstaltet, die viele Besucher anziehen. Ab 7 Uhr kann man das Training beobachten, ab 14 Uhr finden Rennen statt.
Okt. bis März, Do, Fr, Sa • Kamelrennbahnen

Bahrain International Music Festival

In der Cultural Hall in der Nähe des National Museums treten internationale Künstler aus der arabischen Welt auf.
Sechs Tage Anfang Okt. • Tel. 0 09 73/ 17 68 27 77

NOVEMBER

Abu Dhabi Grand Prix

Formel-1-Rennen auf dem Yas Marina Circuit, einer ungewöhnliche Rennstrecke: Sie führt um den Hafen für Sportboote herum und unter einer Brücke hindurch, die zwei Hotelgebäude verbindet.
Drei Tage Mitte Nov. • www.yas marinacircuit.com

National Day, Oman

Der Geburtstag des Sultans wird am 18. gefeiert, und der 19. ist Omans National Day; an beiden Tagen gibt es Folklore, Sportwettbewerbe und Feuerwerk.
18./19. Nov.

DEZEMBER

National Day, VAE

Am Jahrestag des Zusammenschlusses der Emirate Abu Dhabi, Dubai, Fujairah, Ajman, Sharjah, Umm al-Qaiwain und Ras al-Khaimah zu den Vereinigten Arabischen Emiraten stehen die VAE Kopf: Folklore, Bootsrennen und viel Feuerwerk.
2. Dez.

Sharjah Water Festival

Im Vordergrund stehen Bootsrennen, dazu gibt es Theater, Hundewettbewerbe, Musik, Unterhaltung und Feuerwerk
Zehn Tage in der ersten Dez.-Hälfte • www.swf.ae

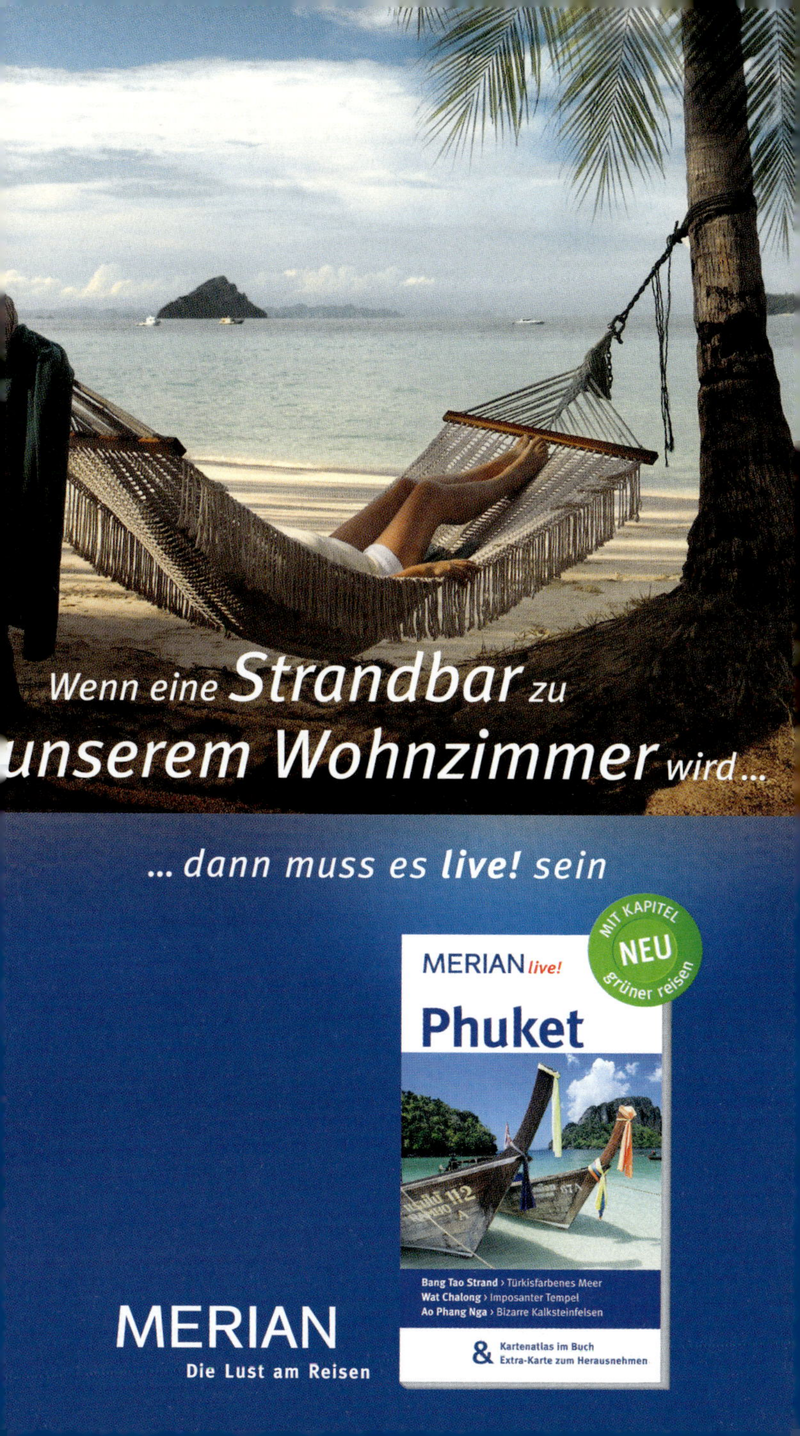
Wenn eine Strandbar zu
unserem Wohnzimmer wird…
… dann muss es live! sein
MERIAN live!
MIT KAPITEL
NEU
grüner reisen
Phuket
Bang Tao Strand › Türkisfarbenes Meer
Wat Chalong › Imposanter Tempel
Ao Phang Nga › Bizarre Kalksteinfelsen
& Kartenatlas im Buch
Extra-Karte zum Herausnehmen
MERIAN
Die Lust am Reisen

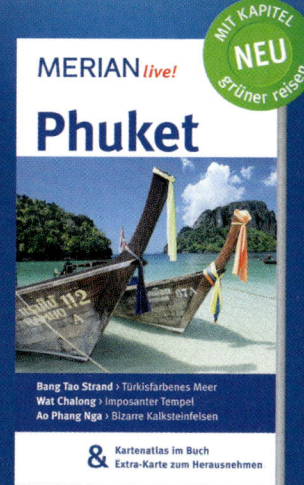

Im Fokus

Kamele und Kamelrennen Die faszinierend genügsamen Wüstentiere, eher Prestigeobjekte als Nutztiere, erreichen erstaunlich hohe Geschwindigkeiten.

Selbstverständlich liebt man in der Region die grazilen Araberpferde, deren Besitz für die Herrscher selbstverständlich ist und die auch erfolgreich gezüchtet werden. Und ebenso sehr schätzt man Pferderennen. Der berühmte Dubai World Cup ist beispielsweise das höchstdotierte Rennen der Welt. Daneben gibt es aber nach wie vor die tief verwurzelte Liebe zu Kamelen. Araber wissen, dass vor der Entdeckung des Erdöls, das erst den immensen Reichtum brachte und den Wohlstand sicherstellte, das Leben und Überleben in der Wüste nur durch die genügsamen Kamele überhaupt möglich war. Kamele galten als unentbehrliche Familienmitglieder für

die Beduinen, ihre Verehrung zeigte sich in eigens den Tieren gewidmeten Gedichten und Liedern. An die Hundert unterschiedliche, auch poetische Bezeichnungen kennen Araber für die Tiere – auch hierin zeigt sich die enorme Verehrung.

Perfekte Anpassung

Das zur Familie der einhöckrigen Dromedare gehörende Kamel der Arabischen Halbinsel kann selbst in den heißesten Sommermonaten, wenn die Temperaturen auf über 40 Grad ansteigen, schwere Lasten bis zu 50 km weit tragen. Indem es seine Körpertemperatur ebenfalls ansteigen lässt (auf 42 Grad), schwitzt das Tier kaum

◄ Einst Lasttiere und Milchspender, heute gefeierte Stars bei Turnieren.

und kann dadurch mit nur sehr wenig Wasser auskommen. Im Allgemeinen braucht ein Tier nur alle fünf Tage Wasser, dann aber trinkt es bis zu 200 Liter in kürzester Zeit. Selbst die gefürchteten Sandstürme machen den Kamelen kaum etwas aus: Dichte, lange Wimpern halten den Sand davon ab, in die Augen zu gelangen, ein spezieller Tränenfluss schützt die Augen vor eindringenden Sandkörnern.

Fettablagerungen in den Höckern lassen die Dromedare viele Tage ohne Nahrung auskommen, durch seine tellerförmig ausgebreiteten Fußballen sinkt das Tier nicht in den Wüstensand ein. Selbst die Nasenmembran der Tiere ist für das Leben in dieser Region optimal ausgerüstet: Diese können die gesamte Feuchtigkeit der eingeatmeten Luft im Körper halten und diese zur benötigten Kühlung von Blut und Gehirn nutzen.

Prestigeobjekt Kamel

Aufgrund von ausgegrabenen und zeitlich datierten Kamelknochen gehen Archäologen davon aus, dass bereits um 1500 v. Chr. die ersten frei lebenden Tiere in der Region verbreitet waren: eine lange, fruchtbare und sehr enge gemeinsame Geschichte zwischen Mensch und Tier. Dieses über Jahrtausende geknüpfte Band ist weitgehend unabhängig von neuen, modernen Entwicklungen und zerreißt selbst im 21. Jahrhundert nicht. Trotz westlicher Statussymbole wie Ferraris – die Liebe zu Kamelen lebt fort. Mittlerweile werden die Tiere nicht mehr nur für wirtschaftliche Zwecke gehalten und gezüchtet, sondern auch aus Prestigegründen.

Im Sauseschritt durch den Sand

Kamelrennen sind in Qatar und den Vereinigten Arabischen Emiraten eine nationale Leidenschaft. Bei professionellen Rennen setzte man noch vor wenigen Jahren Kinderjockeys ein, die ausschließlich aus armen asiatischen Ländern stammten. Diese wurden teilweise unter dubiosen Bedingungen in den Herkunftsländern »aufgekauft« und in den arabischen Ländern wie Sklaven behandelt. Durch internationale Proteste und mithilfe von Menschenrechtsorganisationen ist Kindern und Jugendlichen in den Vereinigten Arabischen Emiraten und Qatar die Teilnahme an Kamelrennen seit 2005 verboten. Stattdessen kommen heute die in der Schweiz entwickelten, 25 kg schweren ferngesteuerten und mit GPS ausgestatteten Roboter zum Einsatz. Nach der Entwicklung des Prototyps sind heute leichtere und weniger anfällige Roboter im Einsatz.

Auf den Kamelrennbahnen der Region wird in den Wintermonaten eifrig trainiert, da zwischen November und März die Rennen ausgetragen werden. Die meist donnerstags und freitags (in den Vereinigten Arabischen Emiraten auch samstags) stattfindenden Veranstaltungen sind stets ein beliebtes und bedeutendes Ereignis für die Bevölkerung. Bei den Rennen in Nad al-Sheba in Dubai sitzen die Herrscher in eigenen Logen des Grandstands, alle anderen nehmen Platz in den kostenlosen Stahltribünen. Die Tiere, die auf der Strecke zum Einsatz kommen, sind bis zu 250 000 € wert. Übrigens: Das bedeutendste Kamelrennen der Vereinigten Arabischen Emirate findet am 2. Dezember statt, dem National Day, dem Gründungstag der Vereinigten Arabischen Emirate.

Dubai (▶ S. 35) – Stadt der Superlative,
Boomtown, Touristenmekka, Kreuzfahrt-
Highlight – fasziniert mit seiner Skyline
aus himmelragenden Glitzertürmen.

Unterwegs
im Arabischen Meer

Eine Kreuzfahrt im Arabischen Meer ist eine Reise zwischen
Vergangenheit und Zukunft, archaischen Dörfern und Giga-
städten mit Kurs auf Wüsten, Forts und Shoppingmalls.

Vereinigte Arabische Emirate

Sieben Scheichtümer bilden ein ungewöhnliches Land, eine
Synthese aus Tradition und höchstem Luxus, der in Dubai
und Abu Dhabi, den Metropolen der Superlative, gipfelt.

◄ Wahrzeichen Dubais: das futuristische Hotel Burj Al Arab (► S. 35), eine Sieben-Sterne-Luxus-Unterkunft.

Die Vereinigten Arabischen Emirate, abgekürzt VAE (bzw. in der englischen Version UAE für United Arab Emirates), sind Lieblingsziel vieler Kreuzfahrt-Reisenden auf Orientkurs – Metropolen als Weltwunder mit Superlativen an jeder Ecke, dazwischen Moscheen, die der Hingabe an Allah gewidmet sind. Mit Dubai und Abu Dhabi werden Highlights angesteuert, doch auch die im Westen noch weniger bekannten nördlichen Emirate bieten so manchen Raum für Entdeckungen.

Dubai

1,6 Mio. Einwohner

Stadtplan ► S. 37 und S. 144/145

Dubai ist das bekannteste der sieben Emirate und das faszinierendste obendrein. An Dubai und seiner ungebrochenen Leidenschaft, neue architektonische Highlights zu erfinden, scheiden sich aber auch die Geister. Die Stadt, in der sich alles um den schönen Schein, um Shopping und Konsum dreht, muss man aber gesehen haben, schon um selbst einen Eindruck zu gewinnen und mitreden zu können. Neben spektakulären Bauprojekten, wie den noch vom Mond aus sichtbaren künstlichen Palmeninseln, fasziniert Dubai durch seine Multikulturalität. Hier leben Menschen aus über 100 Nationen, die Restaurant- und Kulturszene ist entsprechend aufregend und vielfältig. Und trotz allen Fortschritts und allem Hype: Am Creek, dem die Stadt durchziehenden Meeresarm, verströmt Dubai nach wie vor unverfälschtes arabisches Flair.

HAFEN

Bereits 2001 nahm das Kreuzfahrtterminal in Port Rashid seinen Betrieb mit einem über 300 m langen Pier auf; das Terminal kann vier Kreuzfahrtschiffe gleichzeitig versorgen. Von dort aus fährt man am besten mit dem Taxi (diese sind in Dubai recht günstig und verfügen über Taxameter) zum Creek, dem geschäftigen Zentrum der Metropole, und startet eine erste Besichtigung zu Fuß.

SEHENSWERTES

Burj Al Arab ⭐ ► S. 37, d 2

Das auf einer eigens geschaffenen künstlichen Insel vor dem Jumeirah Beach 321 m in die Höhe ragende Hotel ist seit seiner Eröffnung im Jahre 2000 eine Ikone, die für Dubais Aufstieg vom kleinen Handelshafen zur futuristischen Glamour-Metropole steht. Weltweit kennt man heute das an ein gebläntes Segel erinnernde Bauwerk mit dem Hubschrauberlandeplatz hoch oben, auf dem sich die Gäste nur zu gerne absetzen lassen. Bereits die 180 m hohe Lobby ist mit ihrer gestalterischen Opulenz, die an Gianni Versace und Philippe Starck denken lässt, den in die Höhe schießenden Wasserfontänen, den mit Blattgold verzierten Säulen und den an Bienenwaben erinnernden Balkonen eine ungewöhnliche, faszinierende Erscheinung.

Nicht-Hotelgäste benötigen eine Reservierung in einem der Restaurants, um den Burj Al Arab betreten zu dürfen. Empfehlenswert ist z. B. ein Besuch der Skyview Bar im 27. Stockwerk, von wo aus man einen fantastischen Panoramablick über die Mega-Metropole genießt. Ungewöhnlich erbaut und von einem

Aquarium umgeben ist das Fisch restaurant Al-Mahara, das zu den besten Dubais gehört.

Jumeirah Beach Road • Metro: First Gulf Bank • Tel. 3 01 76 00 • www. burj-al-arab.com

Burj Khalifa **2**   ▶ S. 37, e 2

Was der Eiffelturm für Paris ist, stellt für Dubai der 828 m hohe Burj Khalifa dar, das höchste Bauwerk der Welt, das weithin sichtbar die Metropole prägt. Eigentlich sollte der nach sechsjähriger Bauzeit 2010 fertiggestellte Turm »Burj Dubai« heißen, wurde jedoch auf dem Höhepunkt der Finanzkrise, die auch Dubai erfasste, als Dank für die Finanzspritze von Abu Dhabi nach Sheikh Khalifa, dem Herrscher von Abu Dhabi und Präsident der VAE, benannt.

Auf über 160 Etagen sind mehr als 1000 Luxusapartments und Büros untergebracht, die zu den prestigeträchtigsten Dubais gehören. Nobelboutiquen und das erste von Giorgio Armani entworfene Hotel ziehen wohlhabende Gäste aus aller Welt an. In 442 m Höhe auf der 124. Etage befindet sich »At the Top«, eine einzigartige Aussichtsterrasse, von der aus selbst die umliegenden Hochhäuser wie Spielzeug aussehen.

Unmittelbar neben dem Burj Khalifa liegt der künstlich angelegte Dubai Lake, umgeben von Cafés und Restaurants. In kurzen Abständen schießen Wasserfontänen in den Himmel, untermalt klassische Musik die sich wie Tänzer hin und her bewegenden Wasserfontänen – ein nettes Spektakel, das in der Dunkel-

heit noch durch eine eindrucksvolle Lichtinszenierung gesteigert wird. Financial Centre Road (ab Sheikh Zayed Road, 1st interchange) • Metro: Dubai Mall/Burj Khalifa • Eintrittskarten im Ticket Office im Erdgeschoss der Dubai Mall neben dem Eingang zu »At the Top«, sofortiger Einlass 400 Dh, reservierter Einlass (für eine festgelegte Besichtigungszeit) 100 Dh, Kinder 70 Dh

Dubai Aquarium   ▶ S. 37, e 2

Selbst wenn es um Fische geht, greift das Emirat zu Superlativen: Durch ein 32 m breites und 8 m hohes Fenster, das Viewing Panel, blickt man in Unterwasserwelten, wie man diese nirgendwo in Aquarien sieht. Meterlange Rochen schweben mit ruhigem Flügelschlag vorbei an den Ko-

rallenformationen, tropische Fischschwärme erfreuen jeden Betrachter. Kritik wurde allerdings laut angesichts eines gefangenen Walhaies sowie der großen Anzahl von Fischen (etwa 30 000 Tiere), die die Becken bevölkern. Angestellte Taucher reinigen täglich die Scheiben und kontrollieren die Futterstellen.
Dubai Mall, Sheikh Zayed Road • Metro: Dubai Mall/Burj Khalifa • www.thedubaiaquarium.com • tgl. 10–24 Uhr • Eintritt frei, Underwater Tunnel 25 Dh, Underwater Zoo 50 Dh

Dubai Creek
▶ S. 144, B 1–S. 145, F 4

Ein sich kilometerweit in die Stadt ziehender Meeresarm ist Lebensader und geschäftiges Zentrum Dubais. Altertümlich aussehende Lastschiffe,

sogenannte Dhaus (engl. dhow), schwer beladen und mit Seeleuten aus Asien und Afrika an Bord, liegen zum Entladen an der Kaimauer. Den Creek überquert man für einen Dirham mit hölzernen »Abras«, Wassertaxis, die immer dann losfahren, wenn das Boot mit Passagieren voll besetzt ist, und die zwischen der Al-Khor Corniche, der in Deira am Creek entlang führenden Promenade, und der gegenüber liegenden Bur-Dubai-Seite verkehren.

Eine Alternative zur zehnminütigen Abra-Fahrt ist eine längere Tour entlang der Ufer des Creeks. Für eine halbstündige Fahrt, auf der man einziger Fahrgast ist und die von der Mündung des Creek bis zur Schwimmbrücke (Floating Bridge) nahe der Al-Maktoum-Brücke führt, kann man 100 Dh veranschlagen, ein Preis, den man vor Antritt der Fahrt vereinbaren sollte.

Dubai Marina   ▶ S. 36, c 2

Die Kulisse weckt Vergleiche zu Manhattan: Etwa 200 Hochhäuser und Wolkenkratzer von auffallender architektonischer Gestaltung ragen in die Höhe, spiegeln sich im Wasser der etwa 4 km langen Marina. Diese wurde durch die Erweiterung einer Meereslagune geschaffen. Eine Promenade führt vorbei an Jachten, Boutiquen und Cafés. Schönste Adresse ist der Dubai Marina Yacht Club, auf dessen Terrasse über der Marina man sich auf das Deck eines Schiffes versetzt fühlt. Hier sollten Sie eine Erfrischung nehmen und die maritime Atmosphäre genießen.
Metro: Dubai Marina • www.dubai marinayachtclub.com

Gold Souk   ▶ S. 144, C 1

Hier ist alles Gold, was glänzt: Etwa 300 Juweliergeschäfte liegen zu beiden Seiten der überdachten

Allah zu Ehren: Eindrucksvoll präsentiert sich die Jumeirah Mosque (▶ MERIAN-Tipp, S. 39) am Abend, wenn sie, von allen Seiten beleuchtet, in gelbem Licht erstrahlt.

Fußgängerzone, die als »City of Gold« einen der weltweit größten Goldsouks bilden. Der Kaufpreis für Ketten, Armbänder und Ringe richtet sich gewöhnlich nach Gewicht und ist abhängig vom aktuellen Tagespreis pro Feinunze (32 g). Dieser ist in Dubai nicht viel niedriger als anderswo, jedoch sichern die Verarbeitungskosten günstige Schmuckpreise. Allerdings entspricht der ausgestellte Schmuck eher einem orientalisch opulentem Geschmack, wie sich auch an den Kundinnen feststellen lässt. In den Abendstunden trifft man vermehrt auf verhüllte Araberinnen, die im Gefolge von Ehemann, Kindern und Nanny ihre Einkäufe tätigen.

Deira, Sikkat al-Khail • Metro: Baniyas Square

JBR Walk 🌿 ▶ S. 37, d 2

Auf dieser Flaniermeile, die beim Ritz Carlton-Hotel beginnt und entlang der Jumeirah Beach Residence (JBR) führt, verbreitet Dubai mediterranes Flair. In der Metropole, in der man nur an wenigen Stellen entspannt und ohne von Autos belästigt zu werden spazieren kann, lockt die von Palmen, Bougainvillea, Straßencafés und schicken Boutiquen geprägte Straße. Von den im ersten Stock geöffneten Terrassen der Restaurants blickt man auf das Meer und den Jumeirah Beach – ein durch und durch geruhsamer Ort.

Jumeirah Beach Residence • Metro: Dubai Marina

The Palm Jumeirah ▶ S. 36, c 1/2

Die erste bereits fertiggestellte von Dubais vier geplanten künstlichen Inseln ist in Form einer gigantischen

---

> **MERIAN-Tipp** ▶ 2
>
> **JUMEIRAH MOSQUE** ▶ S. 37, e 1
>
> Honigfarben leuchtet der Kalksandstein der mit zwei Minaretten, Säulen, Intarsien und Kuppeln verzierten Jumeirah Mosque. Dubais schönste Moschee ist zudem die einzige, die auch von Nicht-Moslems betreten werden darf. Regelmäßig angebotene Führungen erklären, worauf es in einer Moschee ankommt und wie sich Gläubige im Inneren des Bauwerks verhalten. Man findet sich bis 9.45 Uhr vor der Moschee ein, lässt sich registrieren, und um 10 Uhr startet die 75-minütige Führung.
>
> Dubai, Jumeirah Road • Metro: Trade Centre • www.cultures.ae • Führungen Sa, So, Di, Do 10 Uhr • Eintritt 10 Dh

---

Palme gestaltet: Der Stamm, von dem 16 Palmwedel abgehen, ragt über 4 km weit ins Meer. Am Scheitelpunkt thront der rosafarbene Palast des Hotels Atlantis, ein gewaltiges Themenhotel, mit dem angeschlossenen, 17 ha großen Wasserpark Aquaventure. Nicht-Hotelgästen zugänglich sind die im Stile des sagenumwobenen Atlantis gestalteten Aquarien, The Lost Chambers genannt.

Eine vorzügliche Sicht auf die Apartments und die Millionen Euro teuren Villen, die auf kleinen Grundstücken gedrängt auf den Palmwedeln stehen und über direkten Zugang zum Wasser und dem künstlich aufgeschütteten Strand verfügen, genießt man auf einer Fahrt mit der Hochbahn

(Monorail), die zwischen Jumeirah Road (Gateway Station) und dem Hotel Atlantis verkehrt.

Jumeirah Road • Metro: Nakheel • www.palmjumeirah.ae

Ski Dubai ▸ S. 37, d 2

Mit Schlepplift oder Gondel gelangen die in (geliehene) Skianzüge gekleideten Gäste zu den bis zu 400 m langen Abfahrten und auf die fünf gut präparierten Pisten. Dubais Indoor-Skiarena, angeschlossen an die Mall of the Emirates, vermittelt den im Emirat lebenden Menschen einen Hauch Alpenwelt mit perfekt imitierter Winterlandschaft. Wer nicht selbst auf die Bretter steigen will, kann durch die Fenster der Cafés in der Shoppingmall einen Blick auf die Winterszene erhaschen. Das nebenan liegende Hotel Kempinski bietet von seinem Restaurant und Café aus ebenfalls gelungene Einblicke.

Sheikh Zayed Road, 4th interchange • Metro: Mall of the Emirates • www.skidxb.com • tgl. 10–23 Uhr • Eintritt 2 Std. 180 Dh, ganztags 300 Dh, jeweils inkl. Ausrüstung

MUSEEN

Al-Ahmadiya School ▸ S. 144, B 2

Die erste Schule Dubais wurde 1912 eröffnet: eine Koranschule ausschließlich für Jungen. Nach der Schließung der Einrichtung und mit den Jahren völlig verfallen, wurde das Bauwerk restauriert und zeigt Besuchern heute, in welchen Räumen und an welchen Tischen die einstigen Herrscher des Emirats und ihre Söhne noch in den 1950er-Jahren die Schulbank drückten.

Deira, Al-Ras Street • Metro: Al-Ras • Sa–Do 8–19, Fr 14.30–19 Uhr • Eintritt frei

Dubai Museum ▸ S. 144, C 2

Das historische Fort Al-Fahidi wurde 1878 zum Schutz vor Angreifern als quadratische Festung erbaut und mit einer Lehmmauer umgeben. Nach einer umfassenden Restaurierung eröffnete 1996 im Untergeschoss des Bauwerks Dubais Hauptmuseum mit einer unterhaltsamen und spannenden Ausstellung. Dort wird man gekonnt in die Welt der arabischen Souks, der Gewerbetreibenden und Koranschulen versetzt. Lebensgroße Puppen, realistisch wirkende Geräuschkulissen und nachgebaute Basargassen vermitteln etwas von der anheimelnden Atmosphäre früherer Jahrhunderte. Multimedia-Shows entführen in die Wüste und auf die Ozeane, zu den Perlfischern und die frühen arabischen Entdeckungsreisenden.

Bur Dubai, Al-Fahidi Street • Metro: Saeediya • Sa–Do 8.30–20, Fr 15–21 Uhr • Eintritt 3 Dh

Heritage & Diving Village ▸ S. 144, B 1

Am Ufer des Creek liegen nebeneinander die beiden Freilichtmuseen, in denen man auf einem gemächlichen Bummel auf altertümliche Ziehbrunnen und Kamele, Soukgassen und Werkstätten sowie alte Dhaus und Kunsthandwerk trifft. Fotoausstellungen zeigen die Entwicklung Dubais zur Mega-Metropole. Die Bauweise der traditionellen, durch Windtürme gekühlten Patio-Häuser wird im Village deutlich. Arabische Frauen demonstrieren die Kunst der Henna-Malerei.

Shindagha Road an der Creek-Mündung der Bur Dubai-Seite • Metro: Al-Ghubaiba • Sa–Do 8–22 Uhr, Fr 8–11 und 15–22 Uhr • Eintritt frei

Ski Dubai (▶ S. 40): 22 500 qm schneebedeckte Fläche mit fünf Abfahrten, Schlitten-
und Bobbahnen sorgen für winterliches Sportvergnügen unter der Wüstensonne.

Sheikh Saeed Al-Maktoum House ▶ S. 144, B 2

Der historische Windturmpalast an strategisch bedeutsamer Stelle an der Creek-Mündung war einst der Stammsitz des Großvaters von Sheikh Mohammed, dem jetzigen Herrscher. Ausstellungen, gekonnt didaktisch aufbereitet, zeigen das einstige einfache Leben und Dubais Transformation zur Weltstadt.
Bur Dubai, Shindagha • Metro: Al Ghubaiba • Sa–Do 8–20, Fr 15–21 Uhr • Eintritt 2 Dh

STRAND
Jumeirah Beach ▶ S. 37, d 1

Dubais Top-Strand ist der kilometerlange Jumeirah Beach, Adresse einiger der besten und teuersten Hotels des Emirats. Hier sieht man auch das weltberühmte Hotel Burj Al Arab und vom Royal Mirage, einer orientalischen Traumkulisse am hellen Privatstrand, blickt man auf The Palm Jumeirah. Nicht-Hotelgäste genießen touristische Infrastruktur (Sonnenschirme, Liegen, Toiletten, Cafés und Restaurants) im

Jumeirah Beach Park, einer äußerst gepflegten, 12 ha großen Parkanlage am 700 m langen Privatstand.
Jumeirah 2, Jumeirah Road • Metro: Business Bay • So–Mi 8–22, Do–Sa 8–23 Uhr, Mo nur Frauen und Kinder • Eintritt 5 Dh

SPAZIERGANG

Stadtplan ▸ S. 144/145

Auf dem **Creek**, an dem der Spaziergang beginnt, herrscht rund um die Uhr ein enormer Betrieb: Abenteuerlich aussehende arabische Frachtschiffe (Dhaus) aus den Nachbarländern werden entladen, an den Kaimauern stapeln sich die Säcke mit Getreide und Autoreifen – hier zeigt sich Dubai von seiner rustikalen Alltagsseite. Von der Baniyas Road biegen Sie in die Al-Ras Street ein und steuern die **Al-Ahmadiya School** an. Das Museum ist untergebracht in einem der wenigen alten Bauwerke, die in Dubai nicht dem Bauboom und der Zerstörung »alter« Häuser zum Opfer fielen. In den ehemaligen Schulstuben der früheren Koranschule wird mit lebensgroßen Puppen nachgestellt, wie noch vor Jahrzehnten die Söhne Dubais unterrichtet wurden. Zwei Querstraßen weiter gelangen Sie zum **Spice Souk**, dessen würzige Aromen sich schon früh ankündigen. Der daneben liegende **Gold Souk** ist eine eindrucksvolle Ansammlung reich gefüllter Juwelierläden. Nachdem Sie wieder zum Creek zurückgekehrt sind, sollten Sie die Anlegstelle der »Abra«-Wassertaxis ansteuern. Nehmen Sie Platz auf einem der zahlreichen im Wasser liegenden Holzboote, die abfahren, sobald sich ca. 20 Passagiere eingefunden haben (dies dauert meist nicht länger als zwei Minuten). Vor Betreten des Bootes muss man sicherstellen, dass man auch

An Bord einer »Abra«, eines traditionellen hölzernen Wassertaxis, lässt sich der Dubai Creek (▸ S. 42) überqueren und die Skyline Dubais bestaunen.

Kleingeld (höchstens 10 Dh) dabei hat, da die Fahrt nur 1 Dh kostet und der Betrag zügig eingesammelt wird. Mit lautem Tuckern des Dieselmotors setzt sich die »Abra« in Bewegung, und Sie gelangen von der Deira- auf die Bur-Dubai-Seite. Das dortige **Bastakiya-Viertel** besticht durch seine Ansammlung alter, sorgfältig restaurierter Windturmhäuser, in denen Cafés, Geschäfte und auch Hotels untergebracht sind. Auf einem eng umgrenzten Gebiet können Sie nicht nur das im **Al-Fahidi-Fort** untergebrachte Museum, sondern auch weitere schöne Kaufmannspaläste besichtigen oder in einem der Cafés einkehren.
Dauer: 1,5 Std.

ESSEN UND TRINKEN

Dubai ist ein Paradies, wenn es darum geht, die Küchen der Welt zu probieren. Die besten und teuersten Restaurants sind angesiedelt in den Luxushotels. Kleine, vorzügliche indische und pakistanische Restaurants, in denen man für wenig Geld authentische asiatische Küche genießt, finden sich hauptsächlich in den alten Stadtteilen von Deira und Bur Dubai.

In Bastakiya, dem durch historische Windturmhäuser und alte Stadtpaläste geprägten Viertel von Bur Dubai (besonders schön mit einer »Abra« zu erreichen), findet man einige stimmungsvolle Restaurants mit arabisch-libanesischer Küche. Am Creek-Ufer von Shindagha, ganz in der Nähe des Heritage & Diving Village (▸ S. 40), gibt es eine Reihe von Fisch-Restaurants und Cafés, in denen die Gäste im Freien sitzen, auf den Creek schauen und als Dessert eine Wasserpfeife (Shisha) rauchen.

Arboretum   ▸ S. 37, d 2

Arabische Opulenz • Morgens trifft man sich zum Frühstücksbuffet, zum Lunch gibt es westliche Küche sowie arabische Gerichte mit libanesischer Note, ein Genuss für Freunde des Orients; bereits die »mezzeh« (Vorspeisen) sind üppig und vielfältig. Besonders schön sitzt man auf der Terrasse mit Blick auf die Wasserwege von Madinat Jumeirah und des Hotels Al-Qasr. Der auch im Arboretum veranstaltete und in Dubai überaus beliebte Friday Brunch wurde wiederholt zum besten der Stadt gewählt.
Al-Qasr Hotel, Madinat Jumeirah • Metro: First Gulf Bank • Tel. 3 66 67 30 • www.jumeirah.com • tgl. 6.30–23 Uhr • €€€€

Magnolia   ▸ S. 37, d 2

Kulinarisches auf Spitzenniveau • Vegetarische Gerichte findet man überall, selten ist in der Region hingegen ein Restaurant, das vegetarische Küche auf Sterne-Niveau anbietet. In der romantischen Atmosphäre einer arabischen Villa oder auf ihrer Terrasse direkt an einem Wasserkanal lässt die aus Bayern stammende Spitzenköchin Gabriele Kurz ihre Speisen auftischen. Auf höchstem Niveau, mit Kreativität und viel Liebe entstehen aus Biozutaten Gerichte für einen unvergesslichen Abend. Tipp: das aus mehreren Gängen bestehende Probier-Menü.
Madinat Jumeirah Resort, Jumeirah Beach Road, neben Talise Spa (kostenloser Transport mit dem Wassertaxi von der Haltestelle am Madinat Jumeirah Souk) • Metro: Sharaf • Tel. 3 66 67 30 • www.jumeirah.com • tgl. 19–23.30 Uhr • €€€€

Pai Thai ▸ S. 37, d 2

Arabisches Venedig • Mit kleinen »Abras« werden die Restaurantgäste von der Anlegestelle im Souk Madinat Jumeirah (wo man zuvor das orientalische Angebot unter die Lupe nimmt) über die verschlungenen Kanäle zu einem über dem Wasser liegenden Gebäude in traditioneller arabischer Architektur gebracht. Die Küche ist genuin Thai – kurz gegarte und gebratene Gemüse, köstlich marinierte Fische und Schalentiere, mit Ingwer, Zitronengras und Mangos zubereitete Currys.
Al-Qasr Hotel, Madinat Jumeirah • Metro: First Gulf Bank • Tel. 3 66 67 30 • www.jumeirah.com • tgl. 18.30–23.30 Uhr • €€€€

Signatures 🌿 ▸ S. 36, b 2

Kochen mit Gewissen • »Check out for Nature« heißt ein Programm des WWF, an dem sich das Restaurant des Jebel Ali Golf Resort & Spa beteiligt. Und so lautet das Credo des Signatures: Kalbfleisch, Kabeljau und Thunfisch sind tabu, und alles, was auf den Tisch kommt, ist »bio« von höchster Güte. Aus dem hoteleigenen Öko-Garten kommen frische Kräuter und Gemüse. Fisch und Meeresfrüchte stammen aus nachhaltigem Fang, Fleisch aus zertifizierten Betrieben, Wein und Champagner aus organischem Anbau.
Jebel Ali Golf Resort & Spa, Jebel Ali • Metro: Jebel Ali • Tel. 814 55 55 • www.jebelali-international.com • Di–So 19–23 Uhr • €€€€

Al-Dawaar ▸ S. 144, C 1

Mit Drehung • Ein Klassiker der Restaurant-Szene ist seit mehr als drei Jahrzehnten das Drehrestaurant auf dem Dach des Hyatt-Regency-Hotels. Zeit sollte man mitbringen, während man sich vom Buffet bedient, denn um ganz herum zu kommen, d. h., um eine komplette 360-Grad-Drehung zu vollführen, braucht es über 90 Minuten.
Hyatt Regency, Deira Corniche • Metro: Palm Deira • www.dubai. regency.hyatt.com • Tel. 2 09 19 00 • tgl. 12.30–15.30 und 19–23.30 Uhr • €€€

Marina Seafood Restaurant ▸ S. 37, d 2

Romantik pur • Hierher kommt man nicht in erster Linie wegen des Essens – auch wenn es vorzügliche Fischgerichte und Spezialitäten von Meerestieren gibt –, sondern wegen der einzigartigen Lage auf einem auf Stelzen in das Meer gebauten Holzpier vor dem Jumeirah-Beach-Hotel. Man blickt auf das in Form einer gigantischen Welle gebaute Hotel sowie auf das Farbenspiel des Burj Al Arab, dessen stilisiertes Dhau-Segel am Abend im Minutentakt die Farbe wechselt.
Jumeirah Beach Hotel, Jumeirah Road • Metro: First Gulf Bank • Tel. 4 06 89 99 • www.jumeirahbeach hotel.com • Mo–Fr 18.30–24 Uhr • €€€

Bastakiyah Nights ▸ S. 144, C 2

Arabisch edel • Messinglampen aus Marokko und zahlreiche über das Restaurant verteilte Kerzen verbreiten eine romantische Atmosphäre, Kunstgegenstände aus Oman und Jemen bereichern das arabische Flair im traditionsreichen Windturmhaus. Auf den Speisekarten stehen arabische Vorspeisen, würzige Fleisch- und Gemüsegerichte und süße orientalische Leckereien.

Dubai ist das »Gelobte Land« für Shopping-Fans. Einer der gigantischen Konsumtempel ist die Mall of the Emirates (▶ S. 46), die kaum jemanden mit leeren Taschen entlässt.

Bur Dubai, Bastakiya, neben Ruler's Court • Metro: Saeediya • Tel. 3 53 77 72 • tgl. 12–22 Uhr • €€

Bayt al-Wakeel ▶ S. 144, B 2

Nahe am Wasser gebaut • Von der Terrasse am Creek blickt man auf die gegenüber liegenden Hochhäuser und genießt die arabischen Vorspeisen und Salate sowie, umgeben von arabischen und indischen Gästen, die lebhafte Atmosphäre.
Bur Dubai, Bur Dubai Souk • Metro: Al-Ghubaiba • Tel. 3 53 05 30 • tgl. 11–23 Uhr • €€

EINKAUFEN
Dubai Mall ▶ S. 37, e 2

Granit und Marmorintarsien auf dem Boden, Stuck und Lichtkuppeln, Kunst und Springbrunnen: Die 2009 eröffnete Shoppingmall ist die zweitgrößte der Welt und die beeindruckendste unter Dubais gut

50 Malls. 1200 Geschäfte auf über 220 000 qm tragen dazu bei, dass man die Verlockung »do buy«, nämlich einzukaufen, deutlich verspürt und das Wortspiel der Dubai'in mit dem Namen ihrer Stadt versteht. In der Fashion Avenue bieten 70 hochkarätige Designerboutiquen die aktuellen Kollektionen der Modeschauen aus Paris und bereiten Mode-Verliebten glänzende Augen. Eine Filiale des Pariser Nobelkaufhauses Galeries Lafayette ist ebenso vertreten wie Bio-Läden, in denen es Müsli aus Österreich zu kaufen gibt, und das zur japanischen Kette Kinokinuya gehörende Buchgeschäft ist das größte im arabischen Raum. Die den Gold Souk bildenden Juweliergeschäfte bieten eine exquisite Auswahl an Juwelen und Goldschmuck, der auch westlichen Vorstellungen entspricht. Als weiteres Highlight beherbergt die Mall das Dubai Aqua-

rium (▶ S. 37). Ein weiteres Plus: in der riesigen Mall ist die Orientierung dank eines Farbleitsystems ein wahres Kinderspiel.

Financial Centre Road, ab Sheikh Zayed Road, 1st interchange • Metro: Dubai Mall • www.thedubaimall.com • tgl. 10–24 Uhr,

The Mall of the Emirates

▶ S. 37, d 2

Die südlich des Zentrums liegende Mall ist durch ihren gewaltigen Ski Dome, eine Indoor-Skiarena, bereits äußerlich auffällig. Zur Mall gehört außerdem das luxuriöse Kempinski-Hotel, eines der besten Stadthotels des Emirats, hier in außergewöhnlicher Aufmachung als alpines Ski Resort. So kann man von einigen der Zimmer direkt auf die Winterwelt der Pisten schauen, gibt es in den Cafés heißen Kakao und Blick auf das coole Treiben. Fast 500 Geschäfte, darunter europäische und US-amerikanische Designer, und eine Filiale des Londoner Nobelkaufhauses Harvey Nichols sowie über 70 Restaurants und Cafés beschäftigen die Besucher für einige Zeit.

Sheikh Zayed Road, 4th interchange • Metro: Mall of the Emirates • www.malloftheemirates.com • tgl. 10–24 Uhr

Souk Al-Bahar

▶ S. 37, e 2

Wenn es im Freien zu heiß ist und man dennoch die Atmosphäre orientalischer Soukgassen sucht, dann sind die über 100 kleinen Läden des von Architekten und Designern in arabischer Architektur von Tausendundeiner Nacht gestalteten Souks die richtige Wahl. Die Lage des zweigeschossigen Basars ist vorzüglich: unmittelbar an der Dubai Mall und dem Burj Khalifa, nur Schritte vom Dubai Lake entfernt.

Ein typisch arabisches Souvenir? Im Souk Al-Bahar (▶ S. 46), einem modernen, traditionellen Vorbildern nachgebauten Souk, wird man fündig.

Old Town Island, Sheikh Zayed Road, 1st interchange • Metro: Dubai Mall/ Burj Khalifa • Sa–Do 10–22, Fr 14–22 Uhr

Spice Souk   ▶ S. 144, C 1

Aus großen Jute-Säcken werden Kardamom und Zimtstangen verkauft, es riecht nach Vanille und den Gewürzen Asiens. In Plastikbeuteln abgepackter Safran, Pistazien und Mandeln liegen in den Regalen: Der Besuch in den Gassen des Gewürz-Souks verspricht nicht nur günstige Einkäufe und jede Menge Fotomotive, sondern auch aufregende Geruchserlebnisse; beliebt sind die diversen orientalischen Duftöle und Baumharze, u. a. Weihrauch. Wenn die Händler, die aus Pakistan und Indien stammen, das Interesse der Kunden bemerken, wird man schnell zu einem Glas Tee eingeladen und bekommt das ganze Sortiment an Wohlgerüchen vor sich ausgebreitet. Deira, Sikkat al-Khail, zwischen Gold Souk und Creek • Metro: Baniyas Square

AM ABEND

Dubai besitzt die schicksten und besten Clubs der Region. Viele davon befinden sich in den Lusushotels der Stadt. Regelmäßig treten Stars der Szene auf und unterhalten die Gäste. »Der« Ausgehtag in Dubai ist der Donnerstag, denn am Freitag beginnt das islamische Wochenende. Beliebt sind die regelmäßig stattfindenden »Ladies Nights«, bei denen Frauen freien Eintritt haben und zum Teil auch in den Genuss eines kostenlosen Getränks kommen. Das Magazin »Time Out Dubai«, überall in Dubai erhältlich, informiert über anstehende Events.

Buddha Bar   ▶ S. 36, c 2

Eine gewaltige, golden glänzende Buddha-Statue erinnert daran, dass Eitelkeit und Gier nach Genuss am Anfang des Weges auf der Suche nach Weisheit und Mitgefühl stehen. Eine Super-Lage innerhalb der Dubai Marina, inspirierende Lounge-Musik, ein internationales, jüngeres und wohlhabendes Publikum, köstliche Fusion-Küche, die Asien und Arabien vereint, machen die Buddha Bar zu dem Treffpunkt der Stadt. Hotel Grosvenor House, Marina Beach, Dubai Marina • Metro: Dubai Marina • www.grosvenorhouse-dubai.com • tgl. 17–2 Uhr

Desert Safari & Dinner

Obwohl Dubai von Wüste umgeben ist, muss man erst die Stadt verlassen, um tatsächlich einen Eindruck von der Größe und Erhabenheit der gewaltigen Sanddünen zu erhalten. Eine organisierte Tour bereichert deshalb jede Dubai-Reise. Der Ablauf der Tour ist stets ähnlich: Nachdem man mit dem Geländewagen die Stadt Richtung Wüste verlassen hat, geht es in rasantem Tempo hinauf auf die über 50 m hohen Sandberge und ebenso schnell auf der anderen Seite wieder hinunter. Wer daran keine Freude hat, wird in gemächlichem Tempo zu einem schönen Aussichtspunkt gebracht, von dem aus man dem Sonnenuntergang folgen kann. Anschließend geht es zu einem im Stil der Beduinen aufgebauten Camp in der Wüste. Man bedient sich vom rustikalen Buffet, sitzt auf Teppichen und Stühlen im Sand und genießt die dargebotene Musik samt Bauchtanz. Ein Zug aus der Wasserpfeife, ein Ritt auf den vor dem Lager angebundenen Kamelen und eine dekorative Verzierung mit Henna für die Hände vervollständigen den Abend. Angeboten werden Desert Safaris von allen Reisebüros der Stadt, ein beliebter Veranstalter ist beispielsweise Arabian Adventures (www. arabian-adventures.com).

Neos Sky Lounge ▶ S. 37, e 2

Vom 63. Stock des Fünf-Sterne-Designhotels The Address in Downtown Dubai genießt man den besten Blick der Stadt auf die silbern schimmernde Glasfassade des Burj Khalifa, des höchsten Turms der Welt. Mit einem Cocktail in der Hand (ab 60 Dh) blickt man von der vollständig verglasten Bar auf den Dubai Lake und erlebt das Schauspiel der Dancing Fountains.
The Address, Downtown Dubai • Metro: Dubai Mall/Burj Khalifa • www.theadress.com • tgl. 18–3 Uhr

Sanctuary ▶ S. 36, c 1

Die Lage von Dubais hippstem Club im Atlantis-Hotel auf The Palm Jumeirah spricht für sich, dazu kommen die vom Resident-DJ organisierten Events. In der Main Hall tanzen bis zu 2000 Gäste und genießen R&B, Soul und Funk, Techno, Electro und House samt dem opulenten Ambiente.
Atlantis-Hotel, Crescent Road, The Palm Jumeirah • Metro: Nakheel • www.atlantisthepalm.com • tgl. 21–3 Uhr

SERVICE
AUSKUNFT
Dubai Department of Tourism
▶ S. 145, D 2

National Bank of Dubai (NBD) Building (13. Etage), Baniyas Road • Metro: Baniyas Square • Tel. 2 23 00 00 • www.dubaitourism.ae • Sa–Do 8–17 Uhr

Ähnlich imposant wie Dubai mutet auch das nördlich angrenzende Emirat Sharjah (▶ S. 49) an. Von Scheinwerfern kunstvoll in Szene gesetzt: die King-Faisal-Moschee.

Ausflug
◉ Sharjah

760 000 Einwohner

Stadtplan ▶ S. 51

Das direkt nördlich an Dubai angrenzende Emirat Sharjah genießt den 1998 verliehenen Titel Kulturelle Hauptstadt der VAE. Gerühmt wurde die architektonische Geschlossenheit des auf das Schönste restaurierten Altstadtbereichs. So beherbergen die historischen Kaufmannspaläste der Altstadt, vor einigen Jahren perfekt und umfangreich wiederhergestellt, eine Ansammlung von Museen, die einzigartig sind in der arabischen Welt. Mit dem Ausrichten einer in der arabischen und westlichen Kunstszene viel beachteten Biennale verfolgt das Emirat auch auf diesem Gebiet anspruchsvolle Ziele. Aufgrund eines vom Emir verfügten Alkoholverbots zieht das Emirat jedoch trotz seiner Badestrände und der im Vergleich zu Dubai deutlich günstigeren Strandhotels weniger westliche Touristen an. Als Ausflugsziel ist Sharjah, weniger als eine halbe Autostunde von Dubai entfernt, indessen ein Muss.

SEHENSWERTES

Blue Souk   ▶ S. 51, b 2

Das architektonisch auffällige Basargebäude (im Stil eines Belle-Epoque-Bahnhofs) gehört zu den Wahrzeichen Sharjahs; der Souk beherbergt Bekleidungs-, Kosmetik- und Schmuckgeschäfte, die überwiegend auf arabischen und asiatischen Geschmack ausgerichtet sind. Im ersten Stock werden Europäer fündig: In Dutzenden von kleinen Shops gibt es Antiquitäten bzw. täuschend echt wirkende Kopien aus Indien und Indonesien. Die Preise sollten verhandelt werden (bis zu 50 % Nachlass sind möglich).

Souk al-Markazi, King Faisal Road • tgl. 9–14 und 16–22 Uhr

Heritage Area   ▶ S. 51, a/b 1/2

In leuchtendem Weiß strahlen die alten, teilweise aus Kalkstein erbauten Handelshäuser, einst im Besitz reicher Kaufleute. Dank der Umsicht und städtebaulichen Vorausschau wurden diese Perlen der Architektur vor dem Verfall gerettet und mithilfe eines internationalen Teams von Kunsthistorikern und Architekten sensibel restauriert. Heute beherbergen viele der um einen zentralen Innenhof herum gebauten Häuser Museen und Cafés.

Zwischen Al-Boorj Avenue, Corniche und Al-Ayubi Road

Qanat al-Qasba   ▶ S. 51, nördl. a 1

Der 2009 fertiggestellte künstliche Kanal, an dessen Ufern mehrstöckige Paläste im islamischen Stil stehen – in Sharjah werden auf Geheiß des Herrschers öffentliche Gebäude stets in arabischen Stil erbaut –, markiert Sharjahs Wunsch, Anschluss an den Tourismus zu bekommen. Luxusboutiquen und eine anspruchsvolle Restaurant-Szene locken Besucher hierher zum Bummeln. Wer mag, geht anschließend in die Luft und besteigt das Eye of the Emirate genannte Riesenrad, von ähnlicher Bauart wie das berühmte Rad am Ufer der Themse in London. Der Kanal kann mit elektrisch betriebenen »Abras«, Wassertaxis, befahren werden, drei Fußgängerbrücken überqueren ihn.

Al Khan Road • www.qaq.ae

Souk al-Arsah ▸ S. 51, a 1

Das Besondere an diesem im traditionellen Stil in einem historischen Bauwerk wiederaufgebauten Souk ist seine durch und durch authentische Atmosphäre. Anders als bei ähnlichen Beispielen in Dubai ist der Souk al-Arsah weniger schick, sondern gefällt mit seiner eher einfachen, bescheidenen Aufmachung. Vier reich verzierte Holztore bilden den Zugang zum Halbdunkel kleiner Geschäfte, in denen Gewürze, üppig bestickte und bedruckte Stoffe aus Indien und Fernost, alter Silberschmuck aus Oman und Jemen, Antiquitäten und Bücher über den Islam verkauft werden.

Im Zentrum der Heritage Area • Sa–Do 9–13 und 16.30–22, Fr 16.30–22 Uhr

MUSEEN

Sharjah besitzt mehr als 20 Museen, teilweise untergebracht in wunderschön anzusehenden alten Bauwerken der Heritage Area (▸ S. 49). Da die Eintrittspreise sehr niedrig sind, kann man es sich durchaus gönnen, durch mehrere der Museen einen kurzen Rundgang zu unternehmen. Neben dem **Bait al-Naboodah**, einem eindrucksvollen Palast, der 1845 für einen wohlhabenden Kaufmann aus Korallenkalkstein erbaut wurde und der heute einen guten Einblick in das Leben in früheren Jahrhunderten vermittelt, lockt auch

das **Calligraphy Museum** (House of Poetry), ein schönes, altes Bauwerk, dessen Ausstellungen arabische Gedichte zum Thema haben ebenso wie kalligrafische Handschriften.

www.sharjahmuseums.ae

Maritime Museum ▸ S. 51, a 4

Der langen Seefahrertradition des Emirats gewidmet ist dieses bei Besuchern sehr beliebte Museum. Es ist das größte seiner Art in der Region und zeigt alte Dhaus, die noch vor wenigen Jahren im Wasser kreuzten; Modelle informieren über die Vielfalt der unterschiedlichen Bootstypen. Daneben gibt es altes Zubehör der Perltaucherei zu sehen ebenso wie Schwarz-Weiß-Fotos der einstigen Dhau-Kapitäne. An interaktiven Bildschirmen wird man mit allen Facetten der Seefahrt in Sharjah vertraut gemacht, und ein gut sortierter Shop bietet nautische Souvenirs.

Al-Khan, Al-Khan Corniche (neben dem Sharjah Aquarium) • Sa–Do 8–20, Fr 16–20 Uhr • Eintritt 8 Dh

Museum of Islamic Zivilization ⭐ ▸ S. 51, a 1

Untergebracht in der opulenten Umgebung des einstigen Souks Al-Mujarra liegt das Highlight unter Sharjahs vielen Museen, eines der schönsten und bedeutendsten der gesamten Arabischen Halbinsel. Auf zwei Etagen und unter der gewaltigen Kuppel des palastartigen Bauwerks sind mehr als 2000 Kunstwerke der islamischen Welt untergebracht. Zu den größten Schätzen gehört für die moslemischen Besucher ein Stück Stoff, das von der Kaaba aus Mekka, dem zentralen Heiligtum des Islam in der für Nicht-

Moslems verbotenen Stadt in Saudi-Arabien, stammt. Der Besucher wird auf anspruchsvolle Weise mit der Essenz der islamischen Religion und ihrer unterschiedlichen Ausprägungsformen in Berührung gebracht. Faszinierend sind die z. T. Jahrhunderte alten Koranschriften im Erdgeschoss, während es im ersten Stock eine Ausstellung islamischer Kunst zu sehen gibt. Ebenfalls vorhanden sind ein Café sowie ein vorzügliches Buchgeschäft.

Al-Mujarra Corniche • www.islamic museum.ae • Sa–Do 8–20, Fr 16–20 Uhr • Eintritt 5 Dh

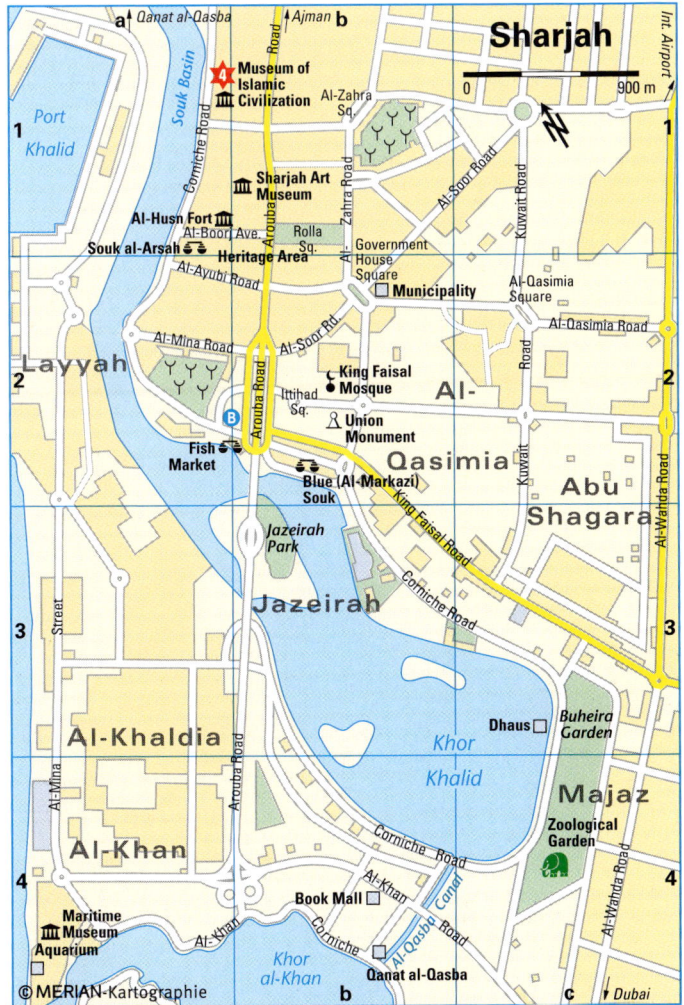

© MERIAN-Kartographie

Abu Dhabi

930 000 Einwohner

Stadtplan ▶ S. 146/147

Der Ausbau der Corniche zum üppigen Prachtboulevard, die Etablierung einer Formel-1-Rennstrecke, das glanzvolle Hotel Emirates Palace, die neue Große Moschee sowie der Ausbau von Saadiyat Island in eine Museums- und Kulturinsel sind nur Teile von Abu Dhabis Transformation von einem Emirat im touristischen Schatten Dubais zur Weltmetropole. Besucher erleben Abu Dhabi, das größte der Emirate, und dessen auf einer Insel liegende gleichnamige Hauptstadt jedoch nach wie vor als traditionell geprägt und weniger schnelllebig als Dubai.

Abu Dhabi besitzt nicht nur eine 300 km lange Küste, der ungezählte kleine, zumeist unbewohnte Inseln vorgelagert sind, sondern auch eine menschenleere Sandwüste und faszinierende Oasen. Al Ain beispielsweise, die größte Oasenstadt am Fuße des Jebel Hafeet, ist mit seinen zahlreichen Forts und dem bedeutendsten Kamelmarkt der gesamten Region ein lohnenswerter Ausflug.

> ## WUSSTEN SIE, DASS …
>
> … Abu Dhabi aufgrund der intensiven Sonneneinstrahlung langfristig auf eine komplette Energieversorgung des Emirats durch Solarenergie setzt? Mit der neuen Stadt Masdar hat man schon den Anfang gemacht.

HAFEN

Das Abu Dhabi Cruise Ship Terminal liegt zurzeit im Hafen Mina (Port) Zayed, einem alten Containerhafen, etwa 4 bis 5 km vom Stadtzentrum entfernt; dort stehen Taxis

Abu Dhabi (▶ S. 52) verändert sich rasch, doch die Fischer bewahren ihre traditionellen Fangmethoden und setzen (noch) nicht auf High Tech.

und Busse bereit. Ein neues größeres Terminal ist geplant. Die Abu Dhabi Tourism Authority (ADTA) unterhält im Terminal ein Interactive Information Centre, in dem man sich über das Emirat informieren und Ausflüge buchen kann.

SEHENSWERTES

Cultural Foundation ▸ S. 147, D 2

Ein moderner, niedriger, strahlend weißer Palast aus den 1980er-Jahren mit Elementen arabischer Architektur, ausgestattet mit Türmen, Bogengängen und Galerien, eingebettet in eine üppig bewachsene Parkanlage, ist das kulturelle Herz von Abu Dhabi. Hier, auf dem Gelände des nebenan liegenden Al-Hosn Forts, trifft sich die künstlerische Avantgarde des Emirates. Es werden hochwertige musikalische und folkloristische Veranstaltungen, Dichterlesungen, Konzerte und Vernissagen durchgeführt. Besucher profitieren von den vielen Ausstellungen und Exponaten der Cultural Foundation. Sehenswert ist ein Besuch in der **National Library**, der seit 1984 bestehenden großen Nationalbibliothek mit einer Sammlung an landeskundlichen Büchern in englischer Sprache und einer eigenen Kinderabteilung. Juwel der Bücherei ist die einstige Privatbibliothek des verstorbenen Staatsgründers Sheikh Zayed (Sheikh Faleh al-Thani Library), zu der u. a. Hunderte von historischen Zeitschriften gehören. Verteilt über das Gebäude sind zudem Dutzende von Ausstellungen, meist in Vitrinen untergebrachte Exponate zur Geschichte und Kultur Abu Dhabis, die die langen Gänge des Gebäudes schmücken. Neben archäologischen Aus-

MERIAN-Tipp

SAADIYAT-MODELL IM EMIRATES PALACE ▸ S. 146, A 1

Ab und zu werden als Tagesbesucher erkennbare Touristen auf die kostenpflichtigen Touren durch das Hotel Emirates Palace verwiesen. Dabei kann jeder das glanzvolle Palasthotel betreten und die dortige kostenlos zugängliche Ausstellung besuchen, die über das Bauvorhaben auf der Saadiyat Island informiert. Das im Bau befindliche Projekt sieht vor, auf der bisher unbewohnten Sandinsel einen aus vier Weltklasse-Museen bestehenden Cultural District zu errichten. Nach einem Abkommen mit Frankreich entsteht derzeit der von Jean Nouvel gestaltete Louvre, dessen architektonisches Erkennungszeichen eine lichtdurchlässige Riesenkuppel ist. Das Museum wird Leihgaben des Louvre sowie weiterer französischer Museen zeigen. Ein von Frank Gehry entworfenes Guggenheim Museum für moderne und zeitgenössische Kunst verblüfft durch seine konischen Formen, während das von Zaha Hadid geplante Performing Arts Center durch seine runden, organischen Formen besticht. Weitere Modelle zeigen maßstabsgetreu das in Entstehung begriffene Sheikh Zayed Museum sowie das von Tadao Ando erdachte Maritime Museum. Abu Dhabi, Hotel Emirates Palace, Corniche Road West • www.saadiyat.ae • tgl. 10–22 Uhr • Eintritt frei grabungsstücken und oftmals vergilbenden Schwarz-Weiß-Fotos, die die Vorfahren der Herrscherfamilie darstellen, werden Modelle arabischer Dhaus, traditionell auf der Arabischen Halbinsel gebräuchliche Musikinstrumente sowie Schmuckstücke gezeigt. Das Delma Café in der ersten Etage der Cultural Foundation lädt zur Verschnaufpause ein; hier trinkt man seinen Kaffee umgeben von Künstlern, Studenten und Angestellten des Zentrums.

Sheikh Zayed I Street (neben Old Fort) • Sa–Do 8–13 und 17–22, Fr 17–20 Uhr • www.adach.ae

Emirates Palace
▸ S. 146, A 1

Abu Dhabis prunkvollstes Hotel, im Besitz des Emirs und als Palast für Staatsgäste und Kongresszentrum genutzt, wurde von einem britischen Architektenteam geplant und 2005 nach vierjähriger Bauzeit eröffnet. Die Entstehungskosten lagen bei 3 Mrd. US-$, womit es zu den teuersten Hotels der Welt gehört. Zentrum des rötlich schimmernden, arabisch geprägten Bauwerks mit 114 Kuppeln ist eine gewaltige, 42 m hohe Kuppel, die Licht ins Innere bringt und die beiden Hotelflügel dominiert. Staatsgästen vorbehalten ist die Zufahrt über eine zugbrückenähnliche und von Wasserspielen flankiert Rampe, alle anderen erreichen das Emirates Palace über eine gewaltige Nebeneinfahrt. 200 Springbrunnen säumen die Garten- und Parkanlagen sowie die Treppenaufgänge. Wer über die kilometerlangen Hotelflure läuft, verliert angesichts der überall gleich aussehenden Prachtentfaltung schnell die Orientierung, in welchem Hotelbereich er sich befindet: Die Decken

aus Blattgold, der Boden aus elfenbeinfarbenem Marmor – verständlich, dass alle Angestellten zunächst einen mehrtägigen Orientierungskurs absolvieren, um sich in dem Gebäude problemlos zurechtfinden zu können. Die Dimensionen des konservativ designten Palastes, in dem tatsächlich alles Gold ist, was glänzt, lesen sich wie ein Auszug aus dem Guinness Buch der Rekorde: das Eingangstor ist mit 40 m höher als der Arc de Triomphe, jährlich werden 3 Mio. US-$ für Rosenlieferungen ausgegeben, etwa 2000 Angestellte aus 50 Nationen sind beschäftigt, die Ost-West-Ausdehnung misst 800 m. Kein Wunder, dass das von Kempinski betriebene Hotel zur Top-Sehenswürdigkeit Abu Dhabis avancierte.

Corniche Road West • www.emirates palace.com

Falcon Hospital
▸ S. 147, südöstl. F 4

Einmalig in seiner Art: Vor den Toren der Stadt liegt das Krankenhaus, das sich auf die Behandlung kranker und verletzter Falken spezialisiert hat. In Abu Dhabi wie auch in den übrigen Emiraten werden von den Einheimischen abgerichtete Falken zur Jagd eingesetzt, ein kostspieliges und traditionsreiches Hobby. Besucher bekommen von dieser Tradition kaum etwas mit. Umso interessanter ist der Besuch in diesem mit modernster Technik ausgestatteten Hospital. Die Patienten, die nicht nur über einen implantierten Chip (zur Ortung), sondern sogar über einen Pass und einen Impfnachweis verfügen, werden hier liebevoll behandelt und wieder aufgepäppelt, sogar verlorene Federn kön-

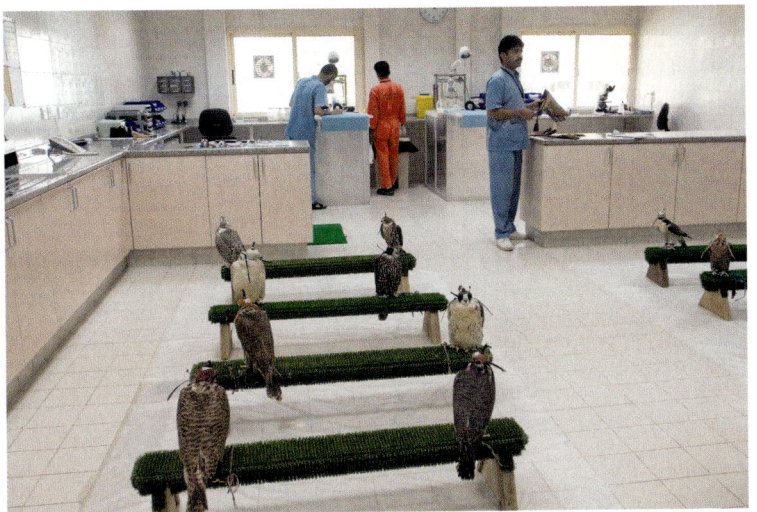

Verletzte Falken werden im Falcon Hospital (▶ S. 54) gehegt und gepflegt – aus gutem Grund, kosten die Jagdfalken nicht selten den Preis einer Luxuslimousine.

nen ersetzt werden. Besucher des Hospitals können durch Glasfenster die einzelnen Behandlungsschritte verfolgen und die Patienten ausführlich begutachten. Als Abschluss winkt ein Fototermin: wer mag, der bekommt auf den ausgestreckten Arm und einen wattierten Handschuh einen Falken gesetzt.

Al-Shamka (35 km östl. der Innenstadt Richtung Sweihan, Abzweigung Al-Shamka nahe dem Flughafen) • www.falconhospital.com • zweistündige Tour 150 Dh

Ferrari World ▶ S. 147, südöstl. F 4

Auf der Abu-Dhabi-Stadt vorgelagerten Insel Yas wurde im Jahre 2009 die erste Formel-1-Rennstrecke der VAE eröffnet – Abu Dhabis Einstieg nicht nur in den internationalen Formel-1-Zirkus, sondern auch ein in touristischer Hinsicht Erfolg versprechendes Event, das das Emirat in

der Welt bekannt machte. So wurde das erste Rennen auf dem 5,5 km langen **Yas Marina Circuit** weltweit von über 600 Mio. Fernsehzuschauern verfolgt. Heute finden jährlich um die 20 Autorennen auf der Strecke statt. Wahrzeichen des Rundkurses ist der am Ende einer 1,7 km langen Geraden thronende Yas Tower, von dessen gläserner Lounge VIPs aus aller Welt die Rennen verfolgen. Architektonisch spektakulär ist das Yas-Hotel, ein futuristisches Gebäude von Raumschiff-Enterprise-Qualität, das die Rennstrecke mit einer Brücke überspannt. Das Hotel grenzt außerdem an die Yas Marina, in der bei den Rennen große Jachten ankern.

Größte Attraktion von Yas ist der Ferrari-Themenpark, dessen gigantisches, 200 000 qm großes und einem Ferrari nachempfundenes Dach schon beim Landeanflug auf Abu

Dhabi ins Bild rückt. Auto- und Motorsportbegeisterte sind hier in ihrem Element: Formel-1-Simulatoren, eine auf 200 Stundenkilometer beschleunigende Achterbahn (die schnellste der Welt), ein Aufzug (G-Force), der Besucher mit 40 km/h 60 m hoch bis über das Dach des Indoor-Themenparks hinaus katapultiert, warten ebenso wie italienische Eisdielen und Pizzerien.

Yas Island (20 km östl. von Abu-Dhabi-Stadt ab E10) • www.ferrariworld abudhabi.com • So, Di, Mi 12–22, Do–Sa 12–24 Uhr • Eintritt 225 Dh, Kinder 165 Dh

Old Fort ▶ S. 146, C 2

Die auch Qasr Al-Hosn und White Fort genannte Festung mag zwar äußerlich wenig eindrucksvoll wirken, nimmt jedoch einen prominenten Platz in der Stadtgeschichte ein. 200 Jahre lang diente das weiß getünchte Fort, dessen Räume sich um mehrere Innenhöfe und kleine Gärten gruppieren, als Wohnsitz der Herrscherfamilie und Regierungssitz. Das älteste Gebäude der Stadt wurde an bedeutsamer Stelle erbaut, nämlich dort, wo 1761 Beduinen eine Gazelle entdeckten. Als die Jäger dem Tier folgten, gelangten sie zu einer Quelle an der Spitze der Insel – ein Glück verheißendes Zeichen, so interpretierten die Beduinen, das in der Folge zur Gründung Abu Dhabis führte und dem Emirat seinen Namen gab: Abu Dhabi bedeutet Brunnen der Gazelle. Das Fort, das lange Zeit wegen Renovierung geschlossen war, beherbergt ein Museum, das sich derzeit jedoch noch in der Aufbauphase befindet.

Sheikh Zayed 1st Street • www.adach. ae • Sa–Do 8–18.30 Uhr • Eintritt frei

Sheikh Zayed Grand Mosque ⭐ ▶ S. 147, südl. D 4

Gewaltige, dunkel leuchtende Wasserbecken spiegeln ihre Silhouette wider: Abu Dhabis Märchenmoschee ist für jeden Moslem Stein gewordener Traum vom perfekten Gebetshaus. Die größte und schönste Moschee Abu Dhabis, wenn nicht der gesamten Arabischen Halbinsel, beeindruckt jeden Besucher durch die gewaltige Ausdehnung (über 22 000 qm) und die verwendeten kostbaren Materialien. Faszinierend sind bereits die an das Taj Mahal erinnernden, strahlend weißen Außenmauern aus Marmor und Naturstein. Beherrschendes bauliches Element sind die 80 Kuppeln unterschiedlicher Größe – die Hauptkuppel mit einem Durchmesser von 33 m und einer Höhe von 85 m –, zudem ist die Moschee von über 1000 Säulen umgeben, weitere 96 Säulen, mit intarsierten Ornamenten aus Halbedelsteinen verziert, schmücken die Gebetshallen. Ein über 7000 qm großer iranischer Teppich schmückt den Boden der Haupthalle, über den sich eine 70 m hohe vergoldete Kuppel erstreckt.

Für den 2004 verstorbenen Sheikh Zayed war die Errichtung der Moschee, die er nicht mit Staatsgeldern, sondern aus seinem privaten Vermögen finanzierte, der letzte große Wunsch. Zum Freitagsgebet bietet die Moschee ausreichend Platz für 40 000 Menschen. Das Betreten der Moschee ist auch Nicht-Moslems erlaubt, allerdings muss auf angemessene Bekleidung und Verhalten geachtet werden.

Rashid al-Maktoum Road (Airport Road) • Sa–Do 9–11.30 Uhr • Eintritt frei

Gotteshaus der Superlative: Wenn der Muezzin die Gläubigen zum Gebet ruft, finden 40 000 Menschen in Abu Dhabis Sheikh Zayed Grand Mosque (▶ S. 56) Platz.

MUSEEN

Cultural Foundation

▶ S. 53

Heritage Village　　▶ S. 147, F 1

Kamele, die im Halbschatten dösend den Tag verbringen, ein Ochse, der nach althergebrachter Weise Wasser mit einem Schöpfrad aus dem Brunnen fördert, Handwerker, die aus Ton Geschirr töpfern und Kupferwaren fertigen – das am Meer liegende Freilichtmuseum macht Geschichtsunterricht zur erfrischenden, unterhaltsamen Sache. Hier erfährt man, wie die klassischen Barasti-Hütten einst hergestellt wurden und wie die beduinische Bevölkerung darin leben konnte. Ein anderer Bereich des Museumsdorfes widmet sich dem arabischen Essen und dessen Zubereitung: Demonstrationen von Brot- und Käseherstellung im Heritage Cookhouse und der Nachbau eines altertümlichen Lebensmittelladens erfreuen auch die Kinder unter den Besuchern. Das kleine Village-Museum, im Stile eines Forts erbaut, ergänzt das Angebot. Ganz besonders reizvoll ist auch der Blick vom kleinen Sandstrand (wo Baden allerdings nicht gestattet ist), der zum Heritage Village gehört, auf die Skyline der Stadt und die Corniche.

Breakwater (ab Corniche Road West) • Sa–Do 9–13 und 17–20, Fr 14–21 Uhr • Eintritt frei

STRAND

Corniche Beach ▸ S. 146, westl. A 1

Der am westlichen Rand der lang gestreckten Corniche liegende Badestrand bietet Sonnenanbetern gute touristische Infrastruktur sowie eine landestypische Besonderheit: Der öffentliche Strand ist nach Geschlechtern getrennt – hier badet Frau umgeben von Frauen aus Asien und anderen arabischen Ländern, während der Gatte vielleicht im Ferrari-Themenpark weilt.

Corniche Road West • tgl. 6–24 Uhr • Eintritt Frauen und Familien 15 Dh, Männer 10 Dh

SPAZIERGANG

Stadtplan ▸ S. 146/147

Die von Landschaftsplanern mehrfach und aufwendig neu gestaltete **Corniche**, eine sechsspurige Straße am Meer, und der parallel dazu verlaufende **Corniche Park** beginnen beim Sheraton-Hotel im Nordosten. Zwischen sattgrünen Rasenflächen, hohen Palmen, Lorbeer und Bougainvilleen verläuft der Weg aus Granit und Marmor. Ein Spaziergang ist hier ein Muss, nicht nur wegen der beständig kühlenden Brise vom Meer, sondern weil man auch auf einige Landmarks der Stadt trifft und die beeindruckende Skyline Abu Dhabis genießt. Die Corniche Gardens nehmen die sogenannte Corniche Road East (auch 1st Street

Vorbei sind die Zeiten, als in Abu Dhabi das Geschirr von Hand getöpfert wurde. Das Heritage Village (▸ S. 57) gibt Einblicke in die Zeit vor dem Ölboom.

genannt) ein, und man sieht die roten Sanddünen von Lulu Island, der
gegenüber liegenden, lang gezogenen Insel, als Wellenbrecher aufgeschüttet. Der eine Querstraße weiter
südlich liegende **Etihad Square** markiert die mehrspurige, nach Süden
führende Straße Richtung Maqta-
Brücke und Flughafen. Mit seinen
Modellen überdimensionaler Kaffeekannen und traditioneller Rosen-
wasserflakons im Zentrum ist der als
Grünanlage gestaltete Etihad-Platz
in einem Stil gestaltet, wie er besonders in der Vergangenheit häufig
anzutreffen war. Einige hundert Meter weiter rücken die beiden **Baynunah Towers** in den Blick, 1993 als
Hotel-Apartments errichtet, damals
die höchsten Bauwerke der Region
und noch heute beeindruckend. Am
westlichen Ende der Corniche, die
Straße heißt mittlerweile Corniche
Road West, führt eine Straße nach
Breakwater mit dem **Heritage Village**; hier ergibt sich ein Blick auf das
Emirates Palace Hotel.
Dauer: 1,5 Std.

ESSEN UND TRINKEN

Sayad ▸ S. 146, A 1

Unterwasser • Abu Dhabis berühmtestes Fischrestaurant gehört
zum Emirates-Palace-Hotel: ein
cooles Designerstück aus Ozeanblau
schimmerndem Glas, dunklen Fuß-
böden und futuristischem Mobiliar
sowie einer offenen Showküche. Auf
sensible Gemüter etwas befremd-
lich wirken höchstens die Aquarien,
in denen tropische Fische sorgsam
gepflegt werden, während ihre Art-
genossen auf der Speisekarte zu finden sind. Diese verzeichnet z. B. eine
üppige Shellfish-Platte für zwei Personen, köstliche, asiatisch inspirierte

---

MERIAN-Tipp   **4**

PEARLS BAR ▸ S. 147, südl. E 4

Ein weißes Zeltdach überspannt
die auf dem Dach des Pearls &
Caviar-Restaurants im Shangri-La
Hotel gelegene Bar, gegenwärtig
der eindrucksvollste nächtliche
Treffpunkt des Scheichtums. Weiße Sitzgelegenheiten laden zum
Chillen ein. Eine kühlende Brise,
dramatische Illumination, hippes
Interieur, Djs, die für einen ultra-
coolen Sound sorgen, und nicht
zuletzt der Blick auf Abu Dhabi
und die Große Moschee haben
bleibenden Erinnerungswert.
Abu Dhabi, Hotel Shangri-La
(zwischen al-Mussaffah- und al-
Maq-ta-Brücke auf der Festlandsseite) • www.shangri-la.com •
tgl. 19−3 Uhr

Garnelengerichte und Jakobsmu-
scheln, in Tempura-Teig gebacken.
Hotel Emirates Palace, Corniche Road
West • Tel. 6 90 30 00 • tgl. 18.30−
24 Uhr • €€€€

Fishmarket ▸ S. 146, B 2

Frischer Fisch • Das Konzept
kommt an: Der Gast begutachtet
die auf einer als tropischer Markt
dekorierten Theke ausgebreiteten
Fische und Schalentiere und wählt
aus, was er zubereitet haben möchte.
Dann entscheidet man sich noch, auf
welche Weise alles gekocht oder ge-
braten werden soll, und freut sich
anschließend bei einem Cocktail auf
die kommenden Genüsse.
Hotel InterContinental, Al Baynunah
Street • Tel. 6 66 68 88 • tgl.12.30−16
und 19−23 Uhr • €€€

Marina Café
▶ S. 146, A 1

Café mit Aussicht • Über eine fantastische Lage verfügt das an der Verbindungsstraße nach Breakwater liegende Restaurant. Vor dem gläsernen Rundbau ankern kleine Jachten, am Horizont fesseln Corniche und Hochhäuser von Abu Dhabi den Blick, und die servierten Snacks, Salate und Fleischgerichte munden dem Publikum. Hier herrscht meist Betrieb, und viele arabische Gäste lassen es sich nicht nehmen, eine Shisha zu rauchen. Anschließend kann man in der nahen Marina Mall einkaufen oder das liebevoll angelegte Heritage Village besuchen. Auch zum berühmten Emirats Palace sind es nur wenige Minuten.
Breakwater Street • Tel. 6 81 64 40 • tgl. 16.30–24 Uhr • €€

EINKAUFEN

Marina Mall
▶ S. 146, nördl. B 1

Die schöne Lage auf der künstlich geschaffenen Halbinsel Breakwater, von der aus man den besten Blick auf die Skyline von Abu Dhabi und das Meer hat sowie auf das an der Westseite in geringer Entfernung thronende Emirates Palace, lohnt bereits den Besuch dieser architektonisch attraktiv gestalteten Shoppingmall. Unmittelbar neben dem Breakwater-Jachthafen gelegen, beeindruckt die an weiße Segel und Zelte erinnernde Dachkonstruktion des von Licht durchfluteten Gebäudes. Ein 125 m hoher Aussichtsturm (Marina Tower), der Abu Dhabis höchstes (Dreh-)Restaurant beherbergt und einen umfassenden Panoramablick über Abu Dhabi bietend, macht schon von Weitem auf die Mall aufmerksam. Das Angebot an Boutiquen und Läden kann hinge-

gen mit dem gigantischen Angebot einiger Dubai-Malls nicht mithalten. Mit einer IKEA-Filiale und einem großen Supermarkt der französischen Carrefour-Kette ist der Komplex auch in erster Linie für die im Emirat lebenden Europäer ein Gewinn. Zahlreiche Cafés, Restaurants und ein Food Court komplettieren das Konsumangebot.
Breakwater • www.marinamall.ae • Sa–Mi 10–22 Uhr, Do 10–23 Uhr, Fr 14–23 Uhr

Souk Qaryat al-Beri
▶ S. 147, südl. D 4

Was in Dubai schon längere Zeit beliebt ist, nämlich Einkaufen in Ladengalerien, die wie altarabische Souks gestaltet sind, findet jetzt auch in Abu Dhabi Liebhaber. In bester Lage neben dem Shangri-La-Hotel wurde ein zweistöckiges Gebäude detailreich wie ein Souk und in prächtigem arabischen Stil errichtet. Dutzende von Geschäften, Cafés und Restaurants der gehobenen Kategorie laden zum Flanieren ein. Eine 700 m lange Wasserstraße verbindet den Souk mit dem Shangri-La-Hotel und kann mit elektrisch betriebenen »Abras« (Wassertaxis) befahren werden.
Qaryat al-Beri (zwischen den Brücken von Maqta und Mussafah) • Sa–Do 10–22, Fr 15–22 Uhr

AM ABEND

Al Hanah Bar
▶ S. 147, südl. D 4

Auch abends führt kaum ein Weg am Shangri-La-Hotel in Qaryat Al Behri vorbei; nicht nur die Restaurants, sondern auch die Bars, die zu diesem Hotel gehören, setzen Trends im Emirat: Edelster arabischer Stil, elegante zeitgenössische Elemente und

Hinter hohen Mauern verbirgt sich das Al Ain Palace Museum (▸ S. 62), einst Scheichresidenz und Regierungssitz, das über die Herrscherfamilie informiert.

modernes Design gehen hier eine inspirierende Verbindung ein. Hotel Shangri-La (zwischen al-Mussaffah- und al-Maqta-Brücke auf der Festlandsseite) • www.shangri-la.com • tgl. 17–2 Uhr

SERVICE

AUSKUNFT
Abu Dhabi Tourism Authority
▸ S. 147, südl. E 4
Maqta Fort, Maqta Bridge • Tel. 4 44 04 44 • www.visitabudhabi.ae • Sa–Do 8–18, Fr 14–18 Uhr

Ausflug
◎ Al Ain

420 000 Einwohner
Über 200 Quellen sprudeln in der Oasenstadt (Al Ain bedeutet »Die Quelle«) östlich von Abu-Dhabi-Stadt an der Grenze zu Oman, zu erreichen über eine hervorragend ausgebaute Autobahn. Der erste Eindruck der sehr weitläufigen Stadt ist jedoch der eines modernen arabischen Zentrums. Erst bei genauerem Hinsehen entdeckt man die zahlreichen Grünanlagen und Parks.

Highlight des Besuches ist die alte, versteckt im Zentrum gelegene Oase Al Ain. Hier betritt man eine gänzlich andere Welt. Wege führen entlang üppig bepflanzter Gemüsegärten, die von kleinen, altertümlichen Falaj-Kanälen Wasser zugeführt bekommen. Dattelpalmen halten die Sonne ab und filtern das Licht, selbst die Menschen, denen man begegnet, erscheinen besonders ausgeglichen und zufrieden. Sehenswert sind auch das **Al Ain Palace Museum**, der einstige, inzwischen restaurierte Stammsitz des Staatsgründers, in dem dieser aufwuchs und der zeitweise als Regierungssitz diente, sowie das **National Museum** von Al Ain, das sich der Geschichte der Region widmet.

Faszinierend ist ein Besuch des lokalen Kamelmarktes, dem Treffpunkt von Käufern und Züchtern auf dem neuen Central Market, nach wie vor der einzige seiner Art in den VAE, in denen Kamele öffentlich und im großen Stil gehandelt werden. Die Tiere stehen in voneinander abgetrennten Boxen und werden ausführlich begutachtet. Dabei handelt es sich gewöhnlich nicht um teure Rennkamele, sondern um Tiere, die wegen ihrer Milch geschätzt bzw. geschlachtet werden. 15 km südlich von Al Ain führt eine Serpentinenstraße mit 60 Kurven auf den Jebel Hafeet, der 1348 m hoch die Umgebung und die Stadt überragt.

160 km östl. von Abu-Dhabi-Stadt

SEHENSWERTES
Al Ain National Museum

Zu den wertvollsten und ältesten Exponaten, die in den VAE zur Ausstellung kommen, gehören die in den Hili-Gräbern (▶ S. 63) gefundenen Grabbeigaben, darunter 5000 Jahre alte Gefäße, Speerspitzen und

Bollwerk gegen feindliche Übergriffe: Das mächtige Fujairah Fort (▶ S. 64), im 17. Jh. erbaut, gestattet interessante Einblicke in die arabische Vergangenheit.

bronzezeitlicher Schmuck. Weniger bedeutsam sind die extravaganten Staatsgeschenke, die ausländische Staatsgäste dem Emir verehrten und die ebenfalls zu sehen sind: afrikanische Thron-Hocker, Straußenfedern und Gemälde.

Fort Al Ain, Omar Bin al-Khatab Road • So–Do 8–19, Fr 15–19 Uhr • Eintritt 3 Dh

Hili Gardens (Archaeological Park)

Umgeben von Dattelpalmen, grünen Rasenflächen und unter der warmen Sonne Al Ains erwartet Besucher hier graue Vorgeschichte und eine der größten archäologischen Sehenswürdigkeiten der gesamten Arabischen Halbinsel: Im Hili Archaeological Park wurden drei bronzezeitliche Rundgräber der Umm-al-Nar-Kultur (2500–2000 v. Chr.) entdeckt, die bedeutendsten ihrer Art in den VAE. Diese ältesten Zeugnisse menschlicher Besiedlung in den Emiraten wurden von einem französischen Archäologenteam behutsam rekonstruiert und restauriert. Außergewöhnlich ist besonders das Grand Tomb (Großes Grab), in dessen vier Grabkammern mehrere Tote beigesetzt wurden und dessen zwei Eingangstore mit Tiergravuren verziert sind. Der Hili Archaeological Park ist eingebettet in einen großen (Freizeit-)Park mit Kinderspielplätzen und schattigen Picknickstellen.

Arz al-Bahar Street • Sa–Do 16–22, Fr 11–22 Uhr • Eintritt 3 Dh

Jahili Fort

Das Wahrzeichen der Oasenstadt und der bekannteste Festungsbau der Emirate wurde in den Jahren 1891 bis 1898 errichtet. Die imposante Befestigungsanlage, die mit ihrer sanften Ockerfarbe und den runden Zinnen an eine große Sandburg erinnert, zeichnet sich durch einen vierstöckigen Hauptturm aus, der sich nach oben hin verjüngt. Der Geburtsplatz des Staatsgründers, des 2004 verstorbenen Sheikh Zayed, wurde perfekt restauriert und birgt heute u. a. eine Ausstellung nostalgischer Schwarz-Weiß-Aufnahmen des Abenteurers Sir Wilfred Thesiger, der als erster Europäer die Sandwüste Rub Al Khali durchquerte.

Al-Jahili, Jahili Street • Di–So 9–17, Fr 15–17 Uhr • Eintritt frei

Fujairah

130 000 Einwohner

Während der Westen der VAE über keinerlei nennenswerte Erhebungen verfügt, wird der Osten des Landes geprägt durch das steil aufragende Hajargebirge. Eine weitere Besonderheit ist die etwa 5 km breite Batinah-Ebene zwischen dem Gebirge und dem Meer, dem Golf von Oman, die – neben der zu Abu Dhabi gehörenden Palmenoase Al Ain (▶ S. 61) – dank reicher Wasservorkommen von dichter, nahezu tropisch anmutender Vegetation durchzogen wird. Fujairah, das einzige Scheichtum der VAE, das vollständig an den Golf von Oman grenzt, ist deshalb außerordentlich reizvoll und voller landschaftlicher Kontraste: karge, graubraun schimmernde Bergrücken, tiefgrün leuchtende Palmenoasen sowie die lang gezogene Küste und einige davor liegende Korallenriffe prägen seine Sonderstellung. Die kleine Hauptstadt von Fujairah ist touristisch eher unbedeutend und präsentiert sich nach wie vor so, wie

MERIAN-Tipp 5

STIERKAMPF IN FUJAIRAH

Im Scheichtum ist der Stierkampf nur ein Kräftemessen der Tiere. Die Bullen, sogenannte Brahmin-Rinder, werden nicht verletzt und schon gar nicht getötet: Die über eine Tonne schweren Stiere werden von ihren Besitzern an einem durch die Nase gezogenen Strick zueinander geführt, stehen sich Kopf an Kopf gegenüber und beginnen, sich gegenseitig zu schieben und zurückzudrängen – das Tier, das nachgibt, also zurückweicht, gilt als Verlierer. Immer freitags trifft sich die einheimische Männerwelt in der Stierkampfarena von Fujairah, einem umzäunten Sandplatz mit einigen Holzbänken. Das auch in Oman verbreitete Spektakel wird als Bull Butting bezeichnet und stammt von den Portugiesen, die das unblutige Vergnügen erstmals im 17. Jh. veranstalteten.

Fujairah, Bullring (am südöstl. Stadtrand von Fujairah) • Fr 15 Uhr • Eintritt frei

noch vor wenigen Jahrzehnten auch Dubai und Abu Dhabi aussahen. Beeindruckend ist hier allerdings ein mächtiges Fort aus dem 17. Jh., das aufgrund zurückhaltender Restaurierungsarbeiten und moderatem Verfall sehr viel ursprüngliche arabische Atmosphäre zeigt. Da man in Fujairah kein Öl fand, ist das Emirat auf die Unterstützung von Abu Dhabi angewiesen und bietet sich als landwirtschaftlicher Produzent an.

HAFEN

Kreuzfahrtschiffe legen im Fujairah Port an, rund 6 km nördlich des Zentrums auf dem Weg nach Khorfakkan, einem Hafen für Containerschiffe mit einem eigenen Kreuzfahrt-Pier an seiner Südseite. Dieser empfängt von Oktober bis Mai wöchentlich zwei Schiffe. Taxis warten am Hafeneingang, und diverse Tour Operators mit Minibussen bieten Touren zum Heritage Village, Old Fort, Markt von Masafi, zu heißen Schwefelquellen und zur Bidya Mosque, der ältesten Moschee der Emirate, an.

SEHENSWERTES

Fujairah Fort

Eine mächtige Befestigungsanlage überragt die zerfallene Altstadt – beim Fujairah Fort kann man deutlich erkennen, wie der Bau aus einzelnen Lehmziegeln errichtet wurde. Diese wurden vor über 300 Jahren von Hand geformt und an der Sonne getrocknet. Das natürliche Material besteht noch heute, ist jedoch an einigen Stellen der Anlage stark angegriffen und musste über die Jahrhunderte hinweg regelmäßig ausgebessert werden. Das 1670 fertiggestellte Fort wurde von den lokalen Stämmen immer wieder erweitert, bis es schließlich aus drei Gebäuden bestand. Mehrere Versammlungsräume lassen mit ihrer Kargheit und sparsamen Ausstattung die Erinnerung an jene Zeiten wach werden, zu denen die hier und in der Umgebung lebenden Menschen Angriffe feindlicher Eroberer befürchteten und sich nur durch Rückzug in die Befestigungsanlagen vor den Offensiven zu schützen wussten. Anfang des 20. Jh. wurde Fujairah Fort

durch Bombenangriffe britischer Flugzeuge empfindlich getroffen.
Old Fujairah, Al-Salam Road (2 km außerhalb des Zentrums) • Sa–Do 9–13, Fr 15–18 Uhr • Eintritt 2 Dh

Heritage Village

Donnerstags und freitags, dem islamischen Wochenende, herrscht besonders viel Betrieb im kleinen Freilichtmuseum: Junge einheimische Paare, Familien mit kleinen Kindern und allein stehende Männer kommen auf einen Abstecher hierher und begutachten, wie ihre Vorfahren früher gelebt haben. Aus Lehmziegeln und getrockneten Palmzweigen geflochtene Hütten sind ebenso zu sehen wie antiker Silberschmuck und das von Beduinen benutzte häusliche Mobiliar.
Al-Ittihad Road (nördl. Ende) • Sa–Do 9–13 und 16–18, Fr 15–19 Uhr • Eintritt frei

MUSEEN

Fujairah Museum

Das kleine Museum in der Nähe des Forts zeigt archäologische Fundstücke der Ostküste der Emirate sowie ethnologische Exponate wie alte Haushaltsgeräte, Schmuck, Werkzeuge und Kleidungsstücke.
Al-Nakheel Road • Sa–Do 9–13 und 16–19, Fr 14.30–19 Uhr • Eintritt 3 Dh

ESSEN UND TRINKEN

Al-Meshwar

Moderne Ruine • Die auffällige Architektur mit steinerner Verkleidung im Stil eines Stadtpalastes und »Ruinen« auf dem Dach birgt im Erdgeschoss ein (Shisha-)Café und im 1. Stock ein Restaurant mit köstlicher libanesischer Küche.
Hamad Bin Abdullah Road (gegenüber dem Trade Centre) • Tel. 2 23 11 13 • tgl. 9–23 Uhr • €€

Stierkampf auf Arabisch und ohne Blutvergießen (▶ MERIAN-Tipp, S. 64): »Bull Butting« ist in der arabischen Männerwelt ein beliebter freitäglicher Zeitvertreib.

SERVICE
AUSKUNFT
Fujairah Tourism Bureau
Fujairah Trade Centre, Hamad Bin Abdullah Road (Zentrum), 9. Stock • Tel. 2 23 15 54 • www.fujairah-tourism.gov.ae • Sa–Do 8–16 Uhr

Ausflüge
◎ Bidya Mosque
Im Vergleich zu den gewaltigen und prächtigen Moscheen der VAE, die in den letzten Jahrzehnten entstanden, wirkt die kleine, weiß gekalkte und bereits 1466 errichtete Moschee noch bescheidener. In landschaftlich schöner und noch abgeschiedener Lage an der Küste und am Fuße des Gebirges, besuchen viele Einheimische die älteste Moschee des Landes nur zu gerne. Auch Nicht-Moslems dürfen das Bauwerk betreten, etwas Glück gehört jedoch dazu, denn nicht immer ist ein Wärter in der Nähe, der den Besuchern die Tür zum Gebetsraum öffnet.
Al-Bidya, Khorfakkan-Dibba Road • tgl. 9–12 Uhr • Eintritt frei
35 km nördl. von Fujairah-Stadt

◎ Khor Kalba ☙
Ein besonderes Naturschutzgebiet befindet sich in der Umgebung von Fujairah: Der größte und bedeutendste Mangrovenwald der Arabischen Halbinsel breitet sich südlich von Fujairah an der Ostküste und an der Grenze zu Oman aus und erstreckt sich über etwa 8 km Die Uferbereiche der Salzwasserlagune sind mit immergrünen Bäumen und Sträuchern bewachsen – unterschiedlichen Mangrovenarten, deren Stelzwurzeln die besondere Fähigkeit haben, das salzhaltige Wasser so zu filtern, dass die Pflanzen darunter nicht leiden, sondern diese sogar in Nährstoffe transformieren können. Aufgrund zunehmender Industrialisierung gehören Mangroven zu den bedrohten Öko-Systemen. Die Wälder bieten einer besonders artenreichen Fauna Lebensraum. Während in den Baumkronen seltene (Wasser-)Vögel brüten, leben im Bereich der Stelzwurzeln Fische, Krabben und Muscheln, gedeihen Mikroorganismen vielfältigster Art. Auf Kanutouren, veranstaltet von den Dubai Desert Rangers (www.desertrangers.com), bewegen sich die Tourenteilnehmer auf eigene Faust durch die einzigartige Lagunenlandschaft, besonders reizvoll ist der Ausflug in den Morgen- bzw. Nachmittagsstunden, wenn die Tierwelt erwacht bzw. die untergehende Sonne alles in ein goldenes Licht taucht.
12 km südl. von Fujairah-Stadt

◎ Masafi
2000 Einwohner

Das lang gestreckte Straßendorf an der Straße nach Al-Dhaid bietet täglich einen sogenannten Friday Market, eine lebhafte, bunte Angelegenheit. Teppichhändler aus Iran bieten ihre (Gebets-)Teppiche an, aus großen Jutesäcken werden Zimt, Muskatnüsse und Safran verkauft, es gibt Weihrauchharze und Brennholz. Verschleierte Frauen prüfen die Qualität der Stoffe, kleine Mädchen in langen Spitzenkleidern begutachten das Spielzeug. Besucher können sich unter die arabischen Kunden mischen, können Obst kaufen und werden angetan sein von der lebhaften Atmosphäre.
Al-Dhaid Road • tgl. 8–20 Uhr
35 km westl. von Fujairah-Stadt

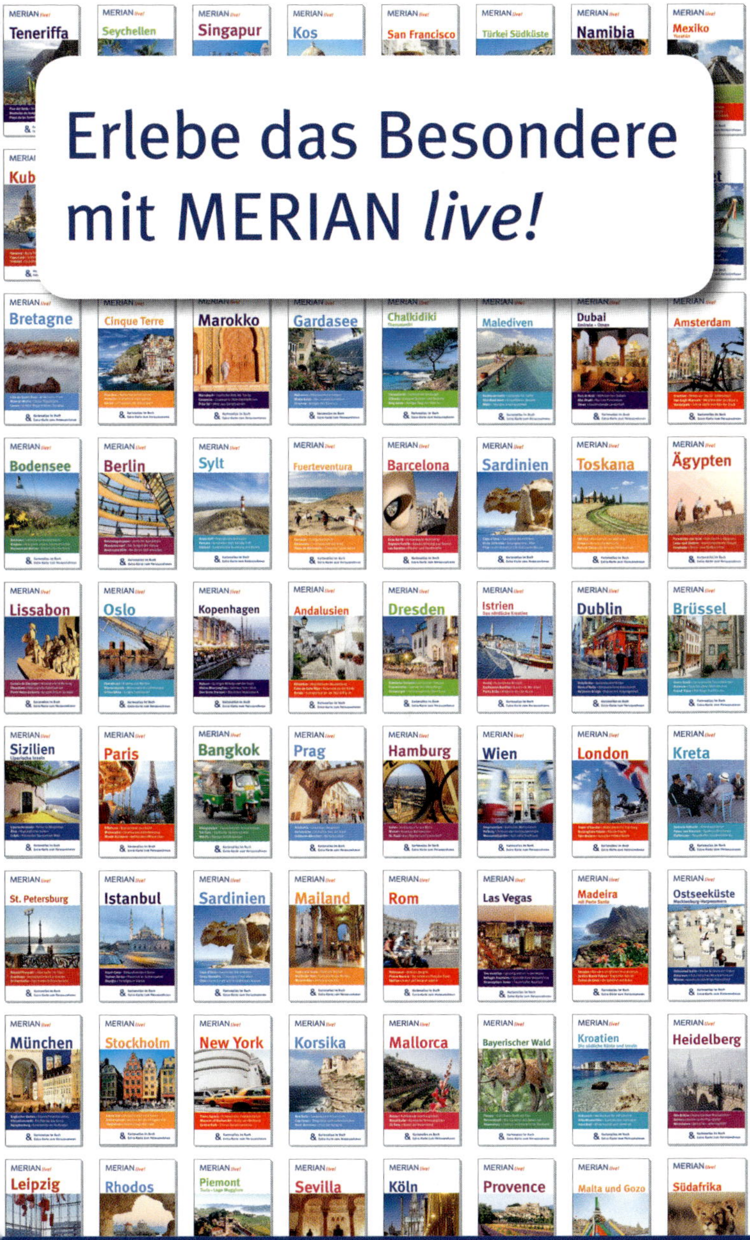

Qatar Auf der kleinen Halbinsel, erst seit 1971 unabhängiger Staat, leben die Qataris zwischen Moscheen und Hochhäusern in auffälliger postmoderner Architektur – für westliche Besucher eine ungewöhnliche Mischung.

◄ Souq al-Waqif (► MERIAN-Tipp, S. 74) in Doha: Das alte Basarviertel zeigt sich in neuem Glanz.

Das Scheichtum Qatar– etwa halb so groß wie das Bundesland Hessen – ist nach dem Pro-Kopf-Einkommen der Bevölkerung das reichste Land der Erde. Öl und vor allen Dingen Erdgas sichern den Wohlstand des noch jungen Staates. Die gewaltigen Einnahmen garantieren den hohen Lebensstandard der Qataris und erlauben es, dass Hamad Bin Khalifa al-Thani, der Emir von Qatar, aus dem Vollen schöpfen kann, wenn es darum geht, den Wüstenstaat durch aufsehenerregende architektonische Prestigeprojekte bekannt zu machen. Qatar setzt auf hochpreisigen Qualitäts-Tourismus – die Konzepte, die gegenwärtig in der Hauptstadt Doha realisiert werden, zeigen dies ganz deutlich. Und: Qatar ist erfolgsverwöhnt. Die Entwicklung seiner nationalen Fluggesellschaft Qatar Airways zur weltweit renommierten Fluglinie lässt erkennen, dass das kleine Land mit einem Ausländeranteil von etwa 80 % auf Expansionskurs ausgerichtet ist.

Qatar, das an vielen Stellen der Hauptstadt einer Mega-Baustelle gleicht, verändert sich äußerlich sehr schnell, doch nach wie vor gilt: Wenn der Muezzin zum Gebet ruft, leeren sich die Gassen in den Souks und die Geschäfte in den Shoppingmalls. Nicht anders als vor hundert Jahren strömen die Menschen zum Gebet in die Moschee.

2010 erhielt Qatar den Zuschlag für die Ausrichtung der Fußballweltmeisterschaft 2022, und zwar wie immer im Sommer, bei über 40 und bis zu 50 Grad im Schatten. Wie es zu dieser Entscheidung kommen konnte, bleibt weiterhin unklar, doch hat der Staat bereits damit begonnen, acht neue Fußballstadien zu konstruieren, die man wieder abbauen, zusammenlegen und nach der Weltmeisterschaft an arme islamische Länder in Afrika verschenken kann; Stadien, die gekühlt werden können und auf diese Weise Spiele bei angenehmen 25 Grad Celsius erlauben. Auch die (Verkehrs-)Infrastruktur wird hergestellt, es werden eine Doha Metro und eine Light Railway (eine Art Straßenbahn) gebaut, damit die Zuschauer nach dem Spiel schnell ins klimagekühlte Hotel gelangen, denn bislang gibt es im ganzen Land nur eine Taxifirma mit wenigen Autos, auf die man unter Umständen sehr lange wartet.

Doha

520 000 Einwohner

Stadtplan ► S. 148/149

Hochhäuser und Wolkenkratzer von edelster Architektur entlang der weit geschwungenen Bucht, eher schlichte Siedlungen aus Beton, in denen die Gastarbeiter aus Indien und Pakistan wohnen, ein neu erbautes arabisches Stadtviertel mit Straßencafés und typisch islamischer Architektur – Doha ist gekennzeichnet durch unterschiedliche Architekturstile und verbindet wie kaum eine andere Metropole Widersprüchliches. Besucher verführt die Stadt zum Staunen, denn hier wird man Zeuge, wie Doha sich in atemberaubendem Tempo vom Wüstendorf zur edelsten Perle der Arabischen Halbinsel entwickelt. Den Startschuss markierte die Eröffnung des Museum of Islamic Art – ein spektakulärer Bau, entworfen von dem chinesisch-amerikanischen Architekten Ieoh Ming Pei, dem Schöpfer der Glaspyramide des Louvre, und angefüllt mit Kunstschätzen, die Saud al-Thani, ein Cousin des Emirs, auf Auktionen in der ganzen Welt für eine Summe von über zwei Milliarden US-Dollar erwarb.

HAFEN

Der größte Hafen des Landes (Doha Port) liegt im Süden der Bucht von Doha, nahe der Corniche, und verfügt über ein Pier für Kreuzfahrtschiffe. Ein neuer Hafen mit einem eigenen Cruise Ship Terminal soll Ende 2014 fertig sein. Da es in Doha gegenwärtig nur ein Taxiunternehmen gibt und der Kreuzfahrttourismus noch eine Novität für das Land darstellt, herrscht häufig ein Mangel an Autos, und man muss längere Wartezeiten in Kauf nehmen. Entweder bucht man deshalb zuvor auf dem Schiff eine Tour oder man macht sich zu Fuß auf den Weg.

WUSSTEN SIE, DASS …

… Fußgänger in Doha, die nicht die Fußgängerbrücken und Zebrastreifen benutzen oder bei »Rot« die Straße überqueren, eine Geldbuße von 200 QR riskieren?

SEHENSWERTES

The Pearl   ▶ S. 148, nordöstl. A 1

Qatars Version eines Island Retreat: Die teuerste Wohnadresse in Qatar lautet seit 2010 The Pearl – beim ersten Megaprojekt des Scheichtums investierte man geschätzte 20 Milliarden US-Dollar. Die 400 ha große künstliche Insel sieht durch ihre Buchten und Jachthäfen aus wie eine ganze Kette von Inseln. Tatsächlich soll sie an nebeneinander liegende Austern erinnern – Symbol für den ersten Reichtum des Landes, als Doha als Perlenzentrum von sich reden machte. Gleich vier große Jachthäfen, Fünf-Sterne-Hotels, Häuser und Villen, Luxusapartments mit Zugang zum eigenen Bootsanlegeplatz sollen Qatar zur Lieblingsadresse der VIPs aus aller Welt machen. Ganz nach eigenem Gusto wählen die Käufer den Stil ihrer Immobilie: Soll es ein toskanisch geprägtes Landhaus, eine Villa mit provenzalischen oder lieber katalanischen Stilelementen sein? Ausländer, die hier kaufen, erhalten Wohnrecht in Qatar auf Lebenszeit und – ebenso wichtig – einen gültigen Grundbucheintrag. Dass die Luxuswelt zwar ohne jeglichen Makel anderer Nobel-Destinationen auskommt, aber auch noch reichlich steril wirkt, davon kann man sich bei einem Bummel entlang von Porto Arabia selbst überzeugen. Die edel gepflasterten Plätze, der La Croisette Boulevard und die Boutiquen von Missoni bis Hermès sind weitgehend leer, auch den Restaurants fehlt noch ein lebendiges Ambiente. Ein Besuch ist dennoch interessant, schon um sich selbst davon zu überzeugen, in welchem Mega-Maßstab in diesem Land gebaut und ein ganzes Traumziel erfunden wird.

15 km nordöstl. von Doha • www.the pearlqatar.com

MUSEEN

Museum of Islamic Art, Doha 🔴6   ▶ S. 149, D 1

Mit der gewaltigen Ausstellungsfläche von 45 000 qm ist das Museum of Islamic Art das größte islamische Museum der Welt und überdies Dohas bedeutendste Sehenswürdigkeit. Mehrere Male, so heißt es, habe der Emir seinen Lieblingsarchitekten, den weltberühmten I. M. Pei, dazu anhalten müssen, ein Kunstmuseum für sein Land zu entwerfen. Als der damals 91-jährige Star-Architekt zustimmte, war das mit dem Wunsch verknüpft, dass in Doha zuvor eine künstliche Insel geschaffen würde, um den richtigen Rahmen für den Museumsbau zu gewährleisten. Während man in Doha die Voraussetzungen schuf und vor der Corniche eine über eine Palmenallee zu erreichende Insel schuf, ließ sich I. M. Pei auf Reisen durch Arabien und Indien von der islamischen Baukunst inspirieren. Sein Entwurf ist verblüffend: Das fünfstöckige Bauwerk aus muschelfarbenem Kalkstein mit seiner geraden, mehrstufi-

gen Fassade lässt Betrachter an eine moderne Burg denken. Bei genauerer Betrachtung sieht man große, dunkel leuchtende Lichtschlitze im obersten Quader des Bauwerkes, die nach Interpretation der Qataris das Gesicht einer verschleierten Araberin andeuten. Im Museumsinneren offenbart der Bau seine orientalisch-islamischen Wurzeln durch sternförmige Intarsien im Fußboden sowie Kuppeldecken. Einen großen Überraschungseffekt bietet die facettierte Stahlkuppel, die sich unter dem äußerlich sichtbaren Quader verbirgt und in der sich das Sonnenlicht bricht. Beeindruckend ist der Blick durch ein gewaltiges, 45 m hohes Glasfenster an der Nordseite des Bauwerkes auf Bucht und Skyline von Doha. Die Exponate, die aus 13 Jahrhunderten stammen, verteilen sich auf allen Ebenen des fünf-

Als »Riviera Arabia« wird Dohas Nobelwohnadresse auch gerne bezeichnet: The Pearl (▶ S. 70), eine Kette künstlicher Inseln, ist ein milliardenschweres Prestigeobjekt.

stöckigen Gebäudes. Ebenfalls ungewöhnlich: Die angeleuchteten Kunstschätze sind in Vitrinen in nachtschwarzen Sälen ausgestellt.

Am besten, man startet eine Besichtung im zweiten Stock, der den unterschiedlichen Aspekten der »Sprache des Islam« gewidmet ist. In dem »Gallery 1« genannten Saal sind Exponate zu sehen, die einen Einblick geben in das Kunstschaffen der arabischen Welt, eine Epoche von über einem Jahrtausend umfassen und geografisch zwischen Spanien und Indien angesiedelt sind. Weitere Galleries sind u. a. der Kalligrafie gewidmet und zeigen die im Islam hoch geschätzte, auch als spirituelle Kunst gewürdigte Fähigkeit, Verse aus dem Koran künstlerisch verfremdet zu Papier zu bringen. In eine Welt geometrischer Muster, stilisierter Blüten und Ranken, Arabesken und Bögen tritt man ein im Saal 7. Die dritte Ebene des Museums nimmt den Besucher mit auf eine Reise nach Ägypten und Syrien, Türkei und Indien, Iran, nach China und in die Mongolei, Länder, die in früheren Jahrhunderten Zentren islamischer Kunst waren.

Leiterin des Museums ist die 1983 geborene Tochter des Herrschers, Sheikha Al-Mayassa bint Hamad bin Khalifa Al-Thani. Sie studierte an Elite-Universitäten in den USA und Frankreich und hat den Ehrgeiz, das Museum of Islamic Art als eines der besten Museen weltweit zu etablieren, sicherlich kein allzu fernes Ziel. Im Museums-Shop erhältlich sind mehrere kostbare Bildbände, produziert von einem auf Kunstbücher spezialisierten deutschen Verlag.

Doha Corniche • www.qma.com.qa • Sa–Mo, Mi, Do 10.30–17.30, Fr 14–20 Uhr • Eintritt frei

---

MERIAN-Tipp 6

RESTAURANT AL-MOURJAN
▸ S. 148, östl. A 1

Von der New York Times hoch gelobt und bedacht mit zahlreichen Auszeichnungen als bestes Restaurant der Stadt: In fantastischer Lage an der Bucht von Doha und mit Blick auf die Hochhäuser der Stadt, die nach Einbruch der Dunkelheit einem Lichtermeer gleichen, kocht man im Al-Mourjan für Prominente wie Staatoberhäupter. Auch Normalsterbliche, für die kein VIP-Dinner gebucht wird, genießen auf der großen Terrasse über dem Meer die kosmopolitische Atmosphäre und bestellen aus einem großen Angebot traditioneller arabisch-libanesischer Speisen. Das Innere des Restaurants besticht durch weißes Mobiliar und arabische Holzbalkendecken. Ein Ableger des Al-Mourjan befindet sich im Souq al-Waqif.

Doha, Doha Corniche • Tel. 44 83 44 23 • www.almourjan.com • tgl. 12.30–1 Uhr • €€€

National Museum Qatar

▸ S. 149, F 2

Eine vorzügliche Adresse für das erste Museum des Staates: Im ehemaligen, zu Beginn des 20. Jh. erbauten Palast des Emirs wird an die Wurzeln der arabischen Kultur erinnert und der Besucher auf anschauliche und interessante Weise mit alten Gebräuchen und Lebensweisen vertraut gemacht. Wie auch in den anderen arabischen Ländern flo-

Museumsinsel am Golf: Für die Schätze des Museum of Islamic Art (▶ S. 70) in Doha wurde eigens eine Insel aufgeschüttet und Stararchitekt I.M. Pei engagiert.

rierte in Qatar einst die Perlentaucherei und sicherte den Händlern ein beträchtliches Auskommen. Getaucht wurde mit Gewichten an den Füßen und einer Klammer auf der Nase, und obwohl die Tauchgänge ohne Sauerstoffzufuhr stattfanden, waren sie von beachtlicher Länge. Neben den Taucheranzügen zeigt das Museum Waagen und andere Instrumente, mit denen der Wert der auf dem Meeresgrund geborgenen Perlen bemessen wurde. Silberschmuck und die einst typische Bekleidung der Beduinen werden in der Sammlung ebenso ausgestellt wie historische Waffen und Fotos, die die Entwicklung des Staates aufzeigen. Das Museum wird gegenwärtig erweitert und kann daher geschlossen sein. Al-Muthaf Street/Corniche • Sa–Do 9–12 und 16–19, Fr 16–19 Uhr • Eintritt 4 QR

SPAZIERGANG

Stadtplan ▶ S. 148/149

Die Anlegestelle der Kreuzfahrtschiffe ermöglicht einen wunderschönen Bummel entlang der **Doha Corniche**, der halbkreisförmigen Bucht. Zunächst entdeckt man das auffällige **Museum of Islamic Art** 6, das sich in weißen Kuben auf einer eigens gebauten kleinen Insel erhebt. Nur eine Querstraße weiter südlich stößt man auf einen der schönsten Souks der Arabischen Halbinsel, den **Souq al-Waqif**. In den Gassen und Cafés kann man leicht einen ganzen Vormittag verbringen. Zurück auf der Corniche nähert man sich bald dem kleinen **Dhau-Hafen**. Die hier ankernden Boote unternehmen Touren z. B. zu der in der Mitte der Bucht liegenden **Palm Island**, einer bei den Qataris beliebten Erholungsinsel, die über schöne Strände und

MERIAN-Tipp

SOUQ AL-WAQIF   ▸ S. 148, C 2

Damit die Kindheitserinnerungen von Emir Hamad Bin Khalifa al-Thani an die gute alte Zeit vor dem Ölboom lebendig bleiben, ließ er auf eigenen Wunsch hin den einstigen Basar auf das Beste rekonstruieren und restaurieren. Ein kleines Wunder ist es, dass dennoch nichts künstlich wirkt. Rund um den alten, aus dem frühen 20. Jh. stammenden Souq al-Waqif liegen heute enge, autofreie und gepflasterte Gassen und Straßen, die flankiert werden von hohen Bauwerken im Stile alter Handelshäuser, mit aufgesetzten Windtürmchen, Bogengängen und Verzierungen aus Muschelkalk. Männer in weißen Dishdashas, dem traditionellen Männergewand, sitzen auf wackeligen Stühlen vor den Eingängen, trinken Tee, rauchen Wasserpfeife, reden und unterhalten sich mit Brettspielen. Da im Souk kaum etwas alt oder gar historisch ist, bewundert man verblüfft das Können, alte Bauformen wieder zum Leben zu erwecken. Vom frühen Morgen bis spät in die Nacht sind die Straßen hier erfüllt von Leben, sowohl Qataris wie auch Besucher treffen sich in den vielen Straßencafés, Kaffeehäusern und libanesischen, indischen, marokkanischen, italienischen und natürlich Qatari-Restaurants, die hier nebeneinander liegen.

Doha, Al-Jasra (westl. der Grand Hamad Street zw. Musherib Street und Al Rayyan Road)

touristische Infrastruktur verfügt. Kurz darauf gelangt man zu einem großen Gebäude von palastartigen Ausmaßen, unmittelbar am Wasser gelegen, dem sogenannten **Balhambar Building**. Dort befindet sich **Al-Mourjan**, Dohas berühmtestes Restaurant mit traditioneller Küche. Dauer: 1,5 Std.

ESSEN UND TRINKEN

Al-Dana   ▸ S. 149, östl. F 2

Ein arabisches Dorf • Das von Ritz Carlton betriebene Hotel Sharq Village & Spa genießt mit seiner arabischen Architektur und Ausstattung sowie den ausgesuchten Antiquitäten aus der Region den Rang einer Sehenswürdigkeit. Auch die Gastronomie ist erlesen: Das Fisch- und Meeresfrüchterestaurant Al-Dana ist besonders beliebt. Hier schöpft man aus mediterranen und asiatischen Kochtraditionen. Lachs beispielsweise kann mit Ingwer, Koriander und Soya oder mit Rosmarin und Knoblauch zubereitet werden. Sharq Village & Spa, Corniche, Ras Abu Jaboud Street • Tel. 44 25 66 66 • www.sharqvillage.com • tgl. 18–23 Uhr • €€€€

The Grill   ▸ S. 148, nordöstl. A 1

Offene Küche • Dohas bestes Steak-Restaurant, untergebracht im neuen Grand Hyatt Doha, einer edlen Luxusherberge, die arabische Elemente mit modernen mischt, wirbt mit »Flame, Flavour und Flair«. Für Flamme stehen die Holzkohlengrills der offenen Show-Küche, auf denen die mit individuell abgestimmten Gewürzen (Flavour) versehenen Fleischspezialitäten zubereitet werden. Und die Atmosphäre, das Flair des Restaurants, kommt in der Stadt

so gut an, dass man einen Tisch im Voraus reservieren muss.
West Bay Lagoon • Tel. 44 48 12 34 • www.doha.grand.hyatt.com • tgl. 12–24 Uhr • €€€€

Café Tasse
▶ S. 148, C 2

Mitten im Souk • Latte Macchiato, Espresso und noch vieles mehr aus Bella Italia offeriert das Straßencafé im stimmungsvollen Distrikt um den historischen Souq al-Waqif seinen Gästen. Zum Lunch treffen sich hier Qataris und Expatriates, denn die Preise sind klein und die Atmosphäre groß.
Souq al-Waqif • tgl. 8–24 Uhr • €€

Ritz Carlton Lobby Lounge
▶ S. 148, nordöstl. A 1

Sehen und gesehen werden • Der Five o'clock Tea in der eleganten Atmosphäre der Lobby Lounge von Dohas Ritz Carlton-Hotel ist Jour Fixe für viele europäische Expatriates. Bei Earl Grey Tea aus Silberkannen, Cremetörtchen und Lachshäppchen, englischen Scones, Jam und Sahne werden Neuigkeiten aus dem Scheichtum erörtert und die distinguierte, anheimelnde Atmosphäre des makellos geführten Hotels genossen. Wer es exotischer mag, bestellt den Middle East Afternoon Tea mit arabischen Süßigkeiten und kalten Vorspeisen sowie Pfefferminztee. Für unaufdringliche Hintergrundmusik sorgt ein Pianospieler. Um die Weihnachtszeit erfreuen sich alle an einer gewaltigen, geschmückten Tanne und einem großen Lebkuchenhaus.
West Bay Lagoon (nördl. von Doha auf einer künstlichen Insel gelegen) • Tel. 44 84 80 00 • www.ritzcarlton.com • tgl. 14.30–17.30 Uhr • €€

Kleinvenedig in Doha: Die Villagio Mall (▶ S. 76), die schickste Einkaufsadresse in Qatars Hauptstadt, ist von der Lagunenstadt inspiriert.

EINKAUFEN

Porto Arabia ▶ S. 148, nordöstl. A 1

Schuhe von Jimmy Choo, Strick-
waren von Max Mara, Abendgarde-
robe von Ferre und Badeanzüge von
Moschino, die neue Kollektion von
Stella McCartney, Geschirr von Pui-
forcat und Hermès, Juwelierläden
und Limousinen von Rolls Royce –
die Dutzenden von Boutiquen gehören zu den teuersten Geschäften des Landes und liegen in Porto
Arabia, einem Jachthafen von The
Pearl. Neben Luxus-Shopping garantieren sie ein exklusives, spek-
takuläres Ambiente, nämlich an der
neuen, 2,5 km langen Marina und
mit Blick über das Meer und das
gigantische Bauprojekt der künstlichen Insel.

The Pearl (15 km nordöstl. von Doha) •
www.thepearlqatar.com

> ## WUSSTEN SIE, DASS ...
>
> ... der Staat Qatar, halb so groß
> wie Hessen, über die drittgrößten
> Gasreserven der Welt verfügt?
> Sie sollen den Wohlstand des
> reichsten Landes der Welt noch
> 200 Jahre halten.

Villagio Mall ▶ S. 148, südwestl. A 7

Dohas schickste Mall mit rund
200 Geschäften will ihren Besuchern
einen Hauch von Bella Italia bieten: So durchziehen von Gondeln
befahrene Wasserwege das Bauwerk,
künstliche Fassaden venezianischer
Palais, Straßenlaternen und Piaz-
zas tragen zur Atmosphäre bei. Neben einem Bereich, in dem günsti-
gere Geschäfte und ein (Fast-)Food
Court liegen, geht es in anderen
Bereichen deutlich stylisher zu: Hier
gibt es edle Boutiquen von Gucci,
Louis Vuitton und Tod's, einem italienischen Schuh-Label, bestellen
verschleierte Frauen Apfelpasteten
und Café au Lait in Boulangerien.
Ein Ableger des in New York an-
sässigen Feinkostladens Dean & De-
Lucca verwöhnt mit aus Italien und
Frankreich eingeflogenen Köstlichkeiten, die an Ort und Stelle verzehrt
werden können, und verkauft Bio-
Tees aus Österreich ebenso wie Trüf-
felnudeln aus Parma – kein Wunsch
bleibt unerfüllt.

Al-Azizyah • www.villagioqatar.com •
tgl. 9–22 Uhr

AM ABEND

In Qatar herrscht Alkoholverbot,
nur internationale Hotels verfügen
über Lizenzen und dürfen an Ausländer Alkohol ausschenken. Disko-
theken und Clubs für westliche An-
sprüche gibt es kaum. Treffpunkte
von westlichen Besuchern sind deshalb am Abend die Bars der Luxushotels **Ritz Carlton** und **Four Sea-
sons**. Besonders schön ist die Dach-
bar im Sharq Village. Man nimmt
Platz auf Sitzkissen in privaten Se-
parées, es duftet nach aromatisier-
ten Wasserpfeifen, und Beleuchtung
und Ambiente sind romantisch-
orientalisch.

Dinner Cruise

Umsteigen vom Kreuzfahrtschiff auf
eine der arabischen Dhaus: Seefahrer lieben die etwas andere Atmosphäre auf den historischen Kähnen,
die sehr viel arabische Patina und
orientalisches Flair bieten. Dabei
steht das dargebotene Dinner (Buffet) nicht an erster Stelle, wohl aber
die Tour entlang Dohas Corniche
und die Fahrt vorbei an vielen

Abenteuer Wüste: Allradangetrieben lassen sich mühelos die Sanddünen erklimmen, etwa bei einem Abstecher nach Khor Al-Udaid (▸ S. 78).

kleinen unbewohnten Inseln und den neuen, im Bau befindlichen Mega-Projekten.
Dhow Pier (etwa in der Mitte der Doha Bay) • Abfahrt tgl. zw. 19 und 20 Uhr, Dauer 3–4 Std.

SERVICE
AUSKUNFT
Qatar Tourism Authority
▸ S. 148, westl. A 1
Doha Exhibitions Centre, Lusail Street, West Bay • Tel. 44 99 74 99 • www.qatartourism.com

Ausflüge
◎ Al-Khor
35 000 Einwohner

An historischer Stelle, nämlich dort, wo Archäologen Pfeilspitzen und Scherben fanden, die sie auf das 5. Jh. v. Chr. datierten, liegt der Fischereihafen Al-Khor. Eine Tour in die Küstenstadt vermittelt eine weitere Facette vom Leben in Qatar. Bis zur Gründung des Staates wurde Al-Khor vom Stamm Al-Mohanadi, der sich aus sieben Beduinen-Familien zusammensetzt, regiert. Auch heute noch leben die Nachkommen der Al-Mohanadi in Al-Khor und prägen das wirtschaftliche und soziale Leben. Zahlreiche der Einwohner arbeiten als Techniker auf den nahen Öl- und Gasfeldern und sind in der Ras Laffan Industrial City beschäftigt. Das **Al-Sultan Beach Hotel** ist eines der wenigen außerhalb von Doha liegenden Mittelklassehotels. Hier verbringen viele Einheimische und aus Europa stammende Expatriates gerne das Wochenende, um Meer und Strand zu genießen. In der ganztägig geöffneten **Blue Brasserie** können auch Nicht-Hotelgäste auf einen Kaffee einkehren und anschließend einen Spaziergang am Meer unternehmen. Eine reizvolle Erfahrung ist es auch, in einem der kleinen indischen oder pakistanischen Restaurants einzukehren, die hauptsächlich von asiatischen Gastarbeitern besucht werden und wo Touristen, da ein eher seltener Anblick, überaus freundlich begrüßt werden und im Mittelpunkt des Interesses stehen. Das Essen schmeckt in der Regel köstlich, der heiße und süße Tee (Chai) kostet nur wenige Cent.

50 km nördl. von Doha

WUSSTEN SIE, DASS ...

... die Qatar Railways Company mit 25 Mrd. € seit 2011 ein Eisenbahnnetz baut, das über einen Damm auch nach Bahrain führen wird?

◎ Khor Al-Udaid

Dohas schönstes Ausflugsziel befindet sich in der Wüste: Inmitten von hoch aufragenden, je nach Tageszeit und Sonnenstand strahlend weiß, gelb oder rot bis orange leuchtenden Sanddünen liegt ein einmaliges Naturwunder, ein Salzwassersee (Inland Sea) mitten im Landesinneren nahe der Grenze zu Saudi-Arabien. Die Erklärung für das ungewöhnliche Schauspiel ist ein sich 20 km in die Wüste hineinziehender Meeresarm, eine gewaltige tiefblaue Lagune, die Lebensraum für zahlreiche Wasservögel und Meerestiere darstellt. Besonders in den Frühlings- und Herbstmonaten beobachten Ornithologen an der Lagune zahlreiche, auch seltene Zugvogelarten. Wegen der bemerkenswerten geologischen und geomorphologischen Eigenschaften wurde Khor Al-Udaid im Jahre 2008 für die Aufnahme in die Welterbeliste der UNESCO vorgeschlagen.

Leider kann man mitunter, besonders an Wochenenden, die Natur nicht so recht genießen, da die Motorengeräusche vieler Offroadfahrer, die mit hohem Tempo die bis zu 60 m hohen Dünen hinauf- und wieder hinunterjagen, die Ruhe doch erheblich stören. Ein umweltfreundliches und leises Vergnügen ist hingegen das Sand Dune Skiing – mit einem Mono Ski unter den Füßen wedeln sportliche Naturen die Sanddünen hinunter.

Zur Khor Al-Udaid Lagune gelangt man nur mit Vierradantrieb. Beim Sealine Beach Resort halten die Fahrer an, um etwas Luft aus den Reifen abzulassen. Währenddessen kann man einen Ritt auf einem der für Touristen bereitgestellten Kamele unternehmen oder, wenn man genügend Zeit hat, auch mit einem Quad über den Sand brettern.

90 km südl. von Doha

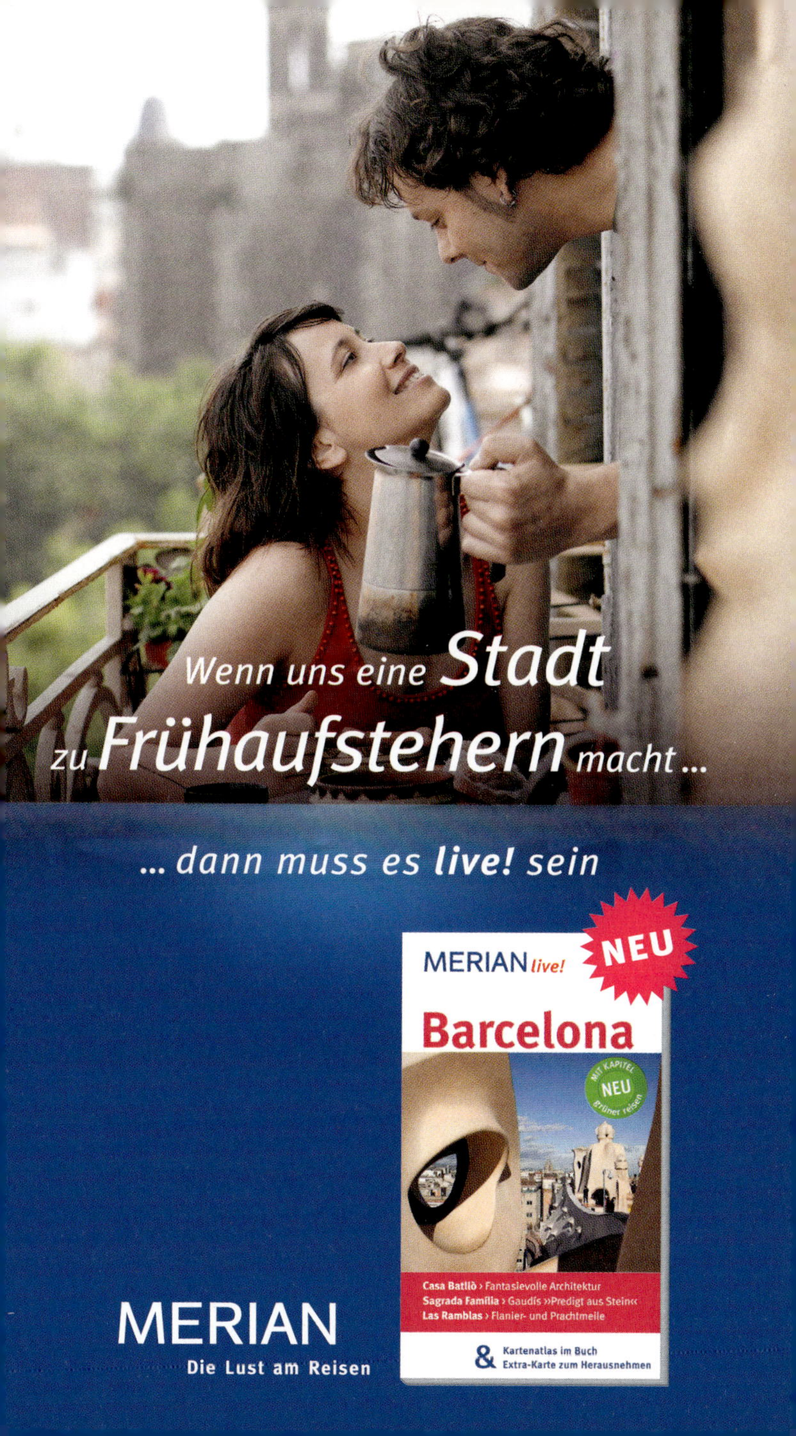

Wenn uns eine *Stadt* zu *Frühaufstehern* macht ...

... dann muss es *live!* sein

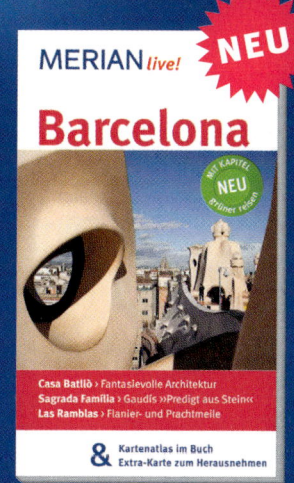

MERIAN
Die Lust am Reisen

Bahrain
Die reizvolle Mischung aus Wolken-
kratzern, Moscheen und Souks erwartet den Kreuzfahrer
auch in Bahrain. Die liberale Insel im Arabischen Golf ist
als Wochenendziel für arabische Nachbarn beliebt.

◄ Die Ahmed al-Fateh Mosque (▶ S. 81) in Manama ist das größte Gotteshaus im Königreich Bahrain.

Saudis und andere Nachbarn schätzen das liberale Klima, das in Bahrain herrscht und das etwa Alkoholausschank in Bars und Restaurants toleriert. Europäische Expatriates lieben das ruhige, beschauliche Leben im Wüsten-Königreich. Für Touristen stellt Bahrain in der Regel jedoch keine Liebe auf den ersten Blick dar, denn die Insel verfügt weder über großartige Naturschönheiten noch über besuchenswerte Sehenswürdigkeiten oder eine exotische arabische Atmosphäre. Bahrain ist vielmehr ein Land, das sich im Umbruch befindet, im Übergang zu einem modernen Staat, hat seine Infrastruktur jedoch noch nicht im gleichen Maße ausgebaut wie seine reichen Nachbarn.

Gegenwärtig entsteht **Durrat al-Bahrain**, eine künstliche Inselwelt mit Hochhäusern, Apartments, Jachthafen, Villen, Luxushotels und Freizeiteinrichtungen (www.durrat bahrain.com). Außerdem befindet sich zwischen Bahrain und der benachbarten Halbinsel Qatar die längste Seequerung der Welt in Bau. Eine 40 km lange Kombination aus Dämmen und diese verbindenden Brücken soll neben einer Autobahn auch einen Schienenweg enthalten.

Im Frühjahr 2011 rebellierte die schiitische Bevölkerungsmehrheit gegen die sunnitische Regierung und das sunnitische Königshaus. Der König bat zur Niederschlagung des Aufstandes Saudi-Arabien und die Vereinigten Arabischen Emirate um Hilfe, die Militärtruppen über den Damm nach Bahrain schickten.

Manama

300 000 Einwohner

Stadtplan ▶ S. 150/151

Schon Anfang der 70er-Jahre des vorigen Jahrhunderts wuchsen in Manama, der im Nordosten der Insel liegenden Hauptstadt, die ersten Bankenhochhäuser in den Himmel. Früher als Dubai und Abu Dhabi entwickelte sich hier eine Skyline nach westlichem Vorbild. Etwas historisches Ambiente können Besucher noch im Stadtteil Awadiya schnuppern: Hier wurde nicht der Fehler begangen, die alten arabischen Patio- und Windturmhäuser zu zerstören, sondern man restaurierte einige von ihnen in vorbildlicher Weise.

HAFEN

Kreuzfahrtschiffe legen im Mina (Port, Hafen) Khalifa an, einem Handelshafen südöstlich der Hauptstadt Manama. Er wurde südlich von Hidd auf aufgeschüttetem Land gebaut. Shuttle-Busse stehen bereit für den Transport der Gäste zur City Center Mall oder zum Bab al-Bahrain. Die gewöhnlich 45-minütige Fahrt kann bis zu zwei Stunden dauern, da es auf der kleinen Insel Bahrain zu viele Autos gibt. Taxis dürfen das Hafengelände nicht befahren.

SEHENSWERTES

Ahmed al-Fateh Mosque

▶ S. 150, B 3

Das auch »Grand Mosque« genannte Bauwerk ist Bahrains größte und schönste Moschee, in der auch Nicht-Moslems willkommen sind. Weithin sichtbar sind die über 70 m hohen Minarette, und aus der Nähe sieht man, dass die Moschee mit der gewaltigen, 25 m breiten Kuppel inmitten eines parkartig gestalteten Palmengartens liegt. Umgeben ist die Moschee allerdings von einer viel befahrenen Stadtautobahn und wird deshalb auch zumeist mit dem Auto angesteuert. Fotos mit Erinnerungswert erhalten die in geliehene Abayas gekleideten Besucherinnen vor der Kulisse des mit Bogengängen und Fenstergittern im neo-arabischen Stil gestalteten Bauwerks.

Al-Fateh Highway • Führungen Sa–Mi 9–17 Uhr • Eintritt frei

Al-Aali ▶ S. 150, südwestl. A 2

In dem kleinen Dorf lebt noch heute die Tradition der Töpferei fort. In mehreren Häusern befinden sich Werkstätten, die besucht werden können und einen schönen Einblick in vergangene Zeiten bieten. In Dutzenden von Regalen stehen die unglasierten, ockerfarbenen Töpfe, Teller und Vasen zum Verkauf, andere warten noch auf ihre farbenfrohe Bemalung. An moderne Kunstwerke erinnern die runden, dickbauchigen Spardosen und Wasserpfeifenbehälter, auf deren weißem Untergrund leuchtend blaue, türkisfarbene, rote und grüne Ringe aufgemalt wurden. Die Artikel kosten nur wenige Euro und sind nette Mitbringsel, vor dem Kauf posiert der Töpfermeister auch gern für ein Foto.

11 km südwestl. von Manama

Bab al-Bahrain ▶ S. 150, südwestl. A 2

Das 1945 errichtete »Tor nach Bahrain« thronte einst symbolhaft am Meer, heute markiert das Bauwerk (mit Verwaltungsbüros und einer Touristeninformation) den Eingang zum großen Souk der Hauptstadt.

Government Avenue

Bahrain International Circuit (BIC) ▶ S. 150, südl. A 1

Mitten im Nichts, nämlich umgeben von rotbraunem Geröll nahe der Sakhir-Oase, entwarf der Aachener Formel-1-Architekt Herman Tilke den 5,44 km langen Bahrain International Circuit. Das erste Rennen (»Großer Preis von Bahrain«) auf dem in nur 16 Monaten fertiggestellten Hochgeschwindigkeitskurs wurde bereits im April 2004 ausgetragen. Ein denkwürdiges Ereignis, u. a. auch, weil es bei 30 Grad im Schatten heftig regnete. Als Sieger des Grand Prix ging nach 57 Runden Michael Schumacher hervor. Für die Auto- und Motorsport begeisterten Bahrainis war es eine große Freude und Genugtuung, bei der damals anstehenden Entscheidung über einen Standort auf der Arabischen Halbinsel vor Dubai den Zuschlag zu erhalten. Auch tourismuspolitisch ist eine Formel-1-Rennstrecke in Bahrain bares Geld wert. Die Ereignisse werden weltweit im Fernsehen übertragen, der Bekanntheitsgrad des kleinen Landes wächst, und zudem etabliert sich Bahrain als Markenzeichen für hochrangige Sportereignisse. Reiche Araber aus den Nachbarländern, VIPs aus aller Welt nehmen Platz im runden, neunstöckigen **Sakhir Tower**, der einen 360 Grad-Blick auf die Strecke bietet, und etwa 60 000 weitere Zuschauer verteilen sich auf die anderen fünf Haupttribünen. Der Bahrain International Circuit ist ganzjährig geöffnet und bietet – neben einem Shop mit einer großen Auswahl an Formel-1-Fan-Artikeln – diverse Angebote, u. a. das »Kart Racing Experience«. Erwachsene (in 9 PS-Fahrzeugen) und Jugendliche (ab 15

Mit Hochgeschwindigkeit durch die Wüste: Nur rund 30 km von Manama entfernt liegt die Formel-1-Rennstrecke Bahrain International Circuit (▶ S. 82).

Jahren mit 4 PS) werden eingewiesen in die Feinheiten der 1054 m langen Kartzone. Beim »Caterham Experience« kann man mehrmals pro Monat in den berühmten, von der gleichnamigen britischen Sportwagenschmiede designten G7 Rennwagen aus der Serie Seven (Höchstgeschwindigkeit 220 km/h) fahren. Fahrunterricht der besonderen Art bietet das »Hummer Driving Experience« in Hummer-Geländewagen. 28 km südl. von Manama • http:// bahraingp.com

Royal Tombs (Burial Mounds)

▶ S. 150, südwestl. A 2

Rund 80 000 Grabhügel, die aus dem 3. Jt. v. Chr. stammen, erstrecken sich im Nordosten von Bahrain. Bis zu 20 m hohe, 4000 Jahre alte Hügelgräber entdeckt man um den Ort Aali. Die Gräber wurden alle geplündert, einige werden als Brennöfen genutzt. Die von Archäologen entdeckten Grabbeigaben – Keramik, Waffen, Schmuck – sieht man heute im Nationalmuseum.

Al-Aali (11 km südwestl. von Manama)

Souq al-Khamis Mosque
▶ S. 150, südwestl. A 3

Einen schönen Kontrast zur neuen prächtigen Grand Mosque bietet das »Donnerstagsmoschee« (nach dem im Dorf stattfindenden Donnerstagsmarkt) genannte Bauwerk, das älteste Gotteshaus des Landes. Die Moschee, deren heutiges Aussehen sich seit dem 14. Jh. nicht verändert hat, wurde auf Fundamenten errichtet, die aus dem 8. Jh. stammen. Der Besuch ist möglich, da die Moschee heute den Rang einer archäologischen Sehenswürdigkeit genießt. Die im Inneren zu sehende Gebetsnische stammt aus dem 12. Jh., während der Mihrab (dekorierte Wandnische, gen Mekka gerichtet) noch 200 Jahre älter ist.

Souq al-Khamis (6 km südwestl. von Manama) • Sa–Do 8–14 Uhr • Eintritt frei

MUSEEN

Bait al-Quran
▶ S. 150, B 2

Bereits das Gebäude zeigt islamische Dekorationen, und das Innere beherbergt eine große Sammlung prächtiger islamischer Kunst. Dem Besucher bieten sich diverse Kalligrafien sowie kunstvolle Holzschnitzarbeiten. Eine Sammlung historischer Koranausgaben enthält wertvolle Stücke, die aus dem 10. bis 14. Jh. stammen.

Goverment Avenue • So–Do 9–12 und 16–18 Uhr • Eintritt frei

Fort Bahrain 7 ▶ S. 150, westl. A 2

Die auch Qalat al-Bahrain und Portuguese Fort genannte Festung stammt aus dem 14. Jh. und wurde von den Portugiesen überbaut, doch wurde der Platz bereits in grauer Vorzeit, um 2000 v. Chr., bewohnt. Heute gehört das Fort Bahrain zum

Bereits in den 1970er-Jahren, früher als in Dubai und Abu Dhabi, entwickelte sich in Manama (▶ S. 81) eine Skyline mit himmelragenden Wolkenkratzern.

UNESCO-Welterbe. Das Fort Bahrain Site Museum zeigt einige der Ausgrabungsfunde.

Ras al-Qalat (10 km westl. von Manama) • Sa–Do 9–18, Fr 15–18 Uhr • Eintritt 0,50 BD, Museum 0,30 BD

National Museum ▸ S. 150, B 2

Das Nationalmuseum gewährt einen Einblick in die 5000 Jahre alte Geschichte der Insel. In diversen Hallen finden sich Exponate von der frühen Vorzeit bis zum Ölboom, darunter ein ca. 2000 Jahre altes Grab. Eine ethnografische Abteilung zeigt historische Kleidungsstücke, Zubehör der Perlentaucherei und unterschiedliche Handwerke.

Al-Fateh Highway/Sheikh Hamad Causeway • Sa–Do 8–18, Fr 16–20 Uhr • Eintritt 0,50 BD

ESSEN UND TRINKEN

Mezzaluna ▸ S. 150, A 3

Feine mediterrane Küche • Das 100-jährige Haus erstrahlt in modernem Look: Der Patio wurde überglast. Das gehobene Restaurant zieht bahrainische Geschäftsleute an.

Osama Bin Zaid Street, Adliya • Tel. 17 74 29 99 • tgl. 12–15 und 19–24 Uhr • €€€

Trader Vic's ▸ S. 151, südöstl. A 4

Eine Brise Südsee-Atmosphäre • Umgeben von den karibisch erscheinenden Villen des Hotels mit Blick auf die Lagune gehört dieser Treffpunkt für Expatriates zu den schönsten und romantischsten Orten der Hauptstadt. Die Speisekarte des polynesischen Themenrestaurants verzeichnet leichte und exotisch zubereitete und gewürzte Salate, Fischgerichte und Meeresfrüchte.

Ritz Carlton-Hotel, Seef, King Abdullah 2nd Bin al-Hassan Avenue/Ecke Avenue 40, Road 1703 • Tel. 17 58 65 55 • www.tradervics.com • €€€

Casa Blue ▸ S. 150, A/B 3

Arabische Tradition • Orientalische Küche, u. a. Lammbraten und Houmus, werden hier in stimmungsvoller Atmosphäre mit anschließender Shisha serviert.

Sheikh Isa Avenue/Ecke Osama Bin Zaid Street • Tel. 17 71 04 24 • tgl. 12–15 und 18–23 Uhr • €€

EINKAUFEN

Bahrain Crafts Centre ⚘ ▸ S. 150, A 2

In zahlreichen Werkstätten wird das Kunsthandwerk vor Ort in alter Technik produziert und verkauft. Natürliche Materialien sind die Rohstoffe, aus denen Souvenirs und Gebrauchsgegenstände entstehen.

Isa al-Kabeer Ave. 263 • Sa–Do 8–14 Uhr

Souq al-Qayserayah ▸ S. 150, C 1

Nur noch wenige alte Souks der Arabischen Halbinsel haben sich ihre Ursprünglichkeit bewahrt, dazu gehört der Souk von Muharraq, einer kleinen Hafenstadt nördlich von Manama. Enge Gassen und Gässchen, in denen die Einheimischen einkaufen, verführen zu einem ausgedehnten Bummel.

Muharraq • Sa–Do 8–13 und 17–20, Fr ab 16 Uhr

SERVICE

AUSKUNFT

Tourist Department ▸ S. 150, südwestl. A 2

Bab al-Bahrain • Tel. 17 23 13 75 • Sa–Do 8–12 und 16–18 Uhr

Oman In Oman begibt sich der Besucher in das Reich von Sultan Qaboos: Märchenhafte Burgen und wehrhafte Forts, alte Souks und dramatische Gebirge kennzeichnen das landschaftlich reizvolle Land.

◄ Prachtbau Allah zu Gefallen: Sultan Qaboos Grand Mosque (▸ S. 91) in Omans Hauptstadt Muscat.

Weniger als drei Millionen Menschen leben auf einer Fläche, die so groß ist wie Deutschland. Gewaltige Wüsten und das bis zu 2000 m hohe Hajargebirge prägen das Land, eines der am dünnsten besiedelten der Welt. Es ist das Bekenntnis zu den Traditionen, der Stolz auf seine Seefahrertradition und die Bräuche und Weisheit der Berg- und Nomadenvölker in Oman, die die maßvolle und bewusste Art auszeichnen, wie mit den Verlockungen der Moderne umgegangen wird. Nachdem der damals 30-jährige, in England studierte Qaboos 1970 seinen Vater Sultan Said Bin Taimur zur Abdankung gezwungen hatte, gelang es ihm, das Land – in dem es nur ein Krankenhaus gab und nur eine Handvoll Menschen lesen und schreiben konnte – in wenigen Jahren maßvoll zu modernisieren. Heute studieren omanische Frauen an den Universitäten, blüht die von Omanis ausgeübte Fischfangtradition. An der Küste entwickelte sich ein qualitativ hochwertiger Tourismus, während in den Bergen im Landesinneren noch vielfach die Zeit stehen geblieben scheint; nicht aus Armut, sondern weil die bodenständigen Omanis das Leben in der Natur schätzen. Einnahmen aus dem Erdöl- und Erdgasexport mehren den Wohlstand Omans, machen es gleichwohl nicht megareich, sodass vernünftig mit den Ressourcen umgegangen wird. Der Ausländeranteil ist mit einem knappen Viertel der Bevölkerung wesentlich geringer als in den Nachbarländern. Durch den wachsenden Einfluss der VAE und deren Vorbildcharakter besonders gegenüber jüngeren Omanis findet jedoch eine Annäherung an westliche Konsumgewohnheiten statt.

Muscat

700 000 Einwohner

Stadtplan ▸ S. 89

Zwei mächtige Forts rahmen die in einer Bucht gelegene Altstadt ein, in der Umgebung liegen Grünanlagen und Prachtboulevards, und über eine Corniche mit einer Länge von 3 km geht es in die benachbarte Hafenstadt Mutrah, voll aufregender Souks und orientalischen Lebens. Omans Hauptstadt und die Capital Area – das sind die sie umgebenden, nahtlos ineinander übergehenden Stadtviertel – erfreuen jeden Kreuzfahrer. Das wohlhabende, durch und durch arabisch geprägte Muscat besitzt eine ruhige, sehr angenehme Atmosphäre, von Hektik und Internationalität à la Dubai keine Spur. Old Muscat, der historische Altstadtbereich, wirkt fast eine Spur zu aufgeräumt und wie ausgestorben, da sich in den dortigen Häusern hauptsächlich Museen und Regierungsgebäude befinden. Noch um 1970 ließ der unverheiratete Sultan Qaboos viele der alten Kaufmannshäuser aus Lehm und Muschelkalk abreißen, um neue, vermeintlich repräsentativere Gebäude und einen Palast im indischen Stil zu errichten. Heute sind die wenigen verbliebenen Kaufmannshäuser Juwele der Altstadt.

Westlich und im Südosten der Altstadt schließen sich herrliche Badestrände sowie außergewöhnliche Luxushotels und Museen an, die einen Abstecher lohnen.

HAFEN

Bis 2010 war der Hafen von Mutrah, 3 km westlich von Muscat, Ziel der Kreuzfahrtschiffe, doch die innere Bucht wurde zu klein für die rund 120 Kreuzfahrtschiffe. die pro Winter die omanische Hauptstadt ansteuern. Seitdem empfängt ein neues komfortables Cruise Ship Passenger Terminal mit einem 500-m-Pier in der vorgelagerten Bucht von Mutrah im Mina (Port) Sultan Qaboos (PSQ) die Gäste.

SEHENSWERTES
Bayt Graiza und Bayt Nadir

▸ S. 89, e 2

Alle Blicke auf sich zieht das großartige alte Handelshaus Bayt Graiza, das noch aus dem frühen 17. Jh. stammt und an historischer Stelle, nämlich dort, wo bereits ein portugiesischer Kaufmannspalast stand, erbaut wurde. Wunderschön anzusehen sind die alten Schwarz-Weiß-Fotos, die einen zweistöckigen Palast mit Fenstern im Spitzbogenstil zeigen. Das Bauwerk, eines der größten der Altstadt, verfügte über so viel Atmosphäre und Komfort, dass für kurze Zeit sogar der damalige Sultan Bin Ahmed hier residierte. Die Restaurierung war umfassend und konnte das Gebäude erhalten, leider verlor es dadurch einen Teil seiner einzigartigen Ausstrahlung. Heute dient Bayt Graiza (eine Bezeichnung, die sich vom portugiesischen Wort für Küche ableitet) als Gästehaus von Sultan Qaboo.
Im gleichen Stil erbaut ist das gegenüberstehende Bayt Nadir, ein Kaufmannshaus, über dessen Verwendung nach der umfassenden Restaurierung noch entschieden wird.
Old Muscat, Qasr al-Alam Street

Palast Qasr al-Alam   ▸ S. 89, e 2

Der riesige, unübersehbar in der Altstadt thronende Palast kann zwar nicht besichtigt werden, ist aber durch die Gitter der Tore einsehbar, und in den die Anlage umgebenden Garten kann man sogar hineingehen. Sultan Qaboos ließ sich den Repräsentationssitz, in dem er allerdings selbst nicht residiert und der nur bei Staatsbesuchen genutzt wird, 1974 im indischen Stil und blaugolden schimmernd an der Stelle errichten, an der seit dem 19. Jh. das indische Viertel, geprägt von einem Hindutempel, befunden hatte. Der Palast liegt inmitten ausgedehnter Gärten und ist umgeben von Regierungsgebäuden.
Old Muscat, Qasr al-Alam Street

Shangri-La Bandar Al-Jissah

▸ S. 89, südöstl. e 3

Das aus drei nebeneinander liegenden Resorts bestehende Hotel lohnt einen Besuch schon wegen der ungewöhnlich reizvollen Lage und der spektakulären Anfahrt. Östlich von Muscat in der gleichnamigen Bucht gelegen, passiert man zunächst Al-Bustan, Ort des gleichnamigen auffälligen Palasthotels, ein achteckiges gewaltiges Bauwerk, von Sultan Qaboos zunächst als Gästehaus für die 1985 stattfindende Sitzung des Gulf Cooperation Council (GCC) erbaut. Es lohnt sich, einen Blick in die 40 m hohe Eingangshalle zu werfen, gekrönt von einer Kuppel und einem gigantischen Kronleuchter. An der Stelle, an der man links zum Hotel abzweigt, liegt der auffälligste Verkehrskreisel Omans: Den Al-Bustan Roundabout schmückt jenes Boot – eine 14 m lange Dhau –, mit dem der irische Abenteurer

Muscat

National History Museum,
Sultan Qaboos Grand Mosque

National Museum

Armed Forces Museum

Al Mujamma
Al Bait
Al Askan St.
Ali Fursan St.
Bayt Al Falaj St.
Ruwi St.
Bayt Al Falaj St.

Ruwi

Mutrah High St.

Al Qurm Heights Rd.

As Seeb St.

Al Mina'a
Al Mina'a St.

Darsait St.

Mutrah

Bait al Baranda
Harat Asmail St.
Al Bahri St.
Souk

Mutrah St.
Mutrah Fort
Mutrah Rd.

Muscat Gate House Museum
Bait Muzna Gallery
Bait al-Zubair

Al Bahri Rd.

Masqat

Al Saidiya St.
1358 Way

Al Mirani Fort
Palast Qasr al-Alam
al-Jalali Fort
Bait Bait Fransa Graiza
Bab al Mirani St.
Bab al Mathaib St.

Golf von Oman

Regierungssitz des Vorzeigestaats Oman: Der Sultanspalast Qasr al-Alam (▶ S. 88) liegt in einer weitläufigen Anlage und wird von Regierungsbauten gesäumt.

Timothy Severin 1980 vom omanischen Sur ins chinesische Kanton segelte. Er wollte damit zeigen, dass die kleinen arabischen Schiffe schon damals zu dieser Reise fähig waren. Nach Passieren des Kreisels beginnt die Fahrt auf der faszinierenden, 5 km langen Panoramastraße. Steil bergauf durch eine wunderschöne und menschenleere Berglandschaft geht die Tour, bis man zur Bucht von Bandar Al-Jissah gelangt, in der das Shangri-La 2006 seine Pforten öffnete. Zum Resort gehört auch ein Heritage Village, eine Kopie traditioneller Souks, in dem u. a. alte Handwerkskunst vorgeführt wird. Bandar Al-Jissah

Souk von Mutrah ⑧ ▶ S. 89, c 2

Im quirligen Hafenstädtchen Mutrah, mit Muscat durch eine 3 km lange Corniche verbunden, erlebt man eine vollständig andere Atmo-sphäre. Hier ist es laut, es duftet nach Orient und Meer, und die herrlichen, zum Teil dreistöckigen Handelshäuser aus dem 19. Jh., die filigrane Holzbalkone, Galerien und spitzwinklige Fenster besitzen, säumen die Meerespromenade und erinnern an die ersten Händler aus Indien und Pakistan. Der hiesige Mutrah Souk ist nicht nur der schönste des Landes, sondern auch einer der schönsten der Arabischen Halbinsel: Unmittelbar an die Uferstraße angrenzend, öffnet sich nach Betreten des Basars durch einen Haupt- und mehrere Nebeneingänge eine orientalische Verkaufswelt wie aus dem Bilderbuch. Im Mutrah Souk ergeben sich die besten Fotomotive, da hier durchweg alter arabischer Stil herrscht, geprägt durch Holz, Lehm und Bambusmatten. Die omanischen Händler, die vor ihren kleinen Läden bzw. darin sitzen, sind durchweg gelassen und freundlich. Zu kaufen gibt es nicht nur die Dinge des täglichen Bedarfs, Stoffe und Plastikspielzeug aus China, sondern auch die von der Bevölkerung so hoch geschätzten Duftstoffe zum Parfümieren der Bekleidung in Form von Harzen und Kristallen, traditioneller Silbeschmuck zu günstigen Preisen sowie Antiquitäten aus Indien und Indonesien, aber auch aus Oman. Mitunter sind auch noch die – häufig aus dem Jemen stammenden – Krummdolche, die sogenannten Khanjars (Djambia), zu kaufen, dessen Abbild auch Bestandteil der omanischen Flagge ist. Kleine (hygienisch einwandfreie) Teestuben, in denen außerdem frisch gepresste Mango- und Orangensäfte serviert werden, bieten sich für eine Ruhepause während des Shopping-Erlebnisses an.

Ist man bereits vormittags unterwegs, lohnt es sich, vorher den **Fischmarkt** zu besuchen, der auf der anderen Seite am Hafenbecken bereits in aller Frühe stattfindet. Es ist interessant zu sehen, wie durchweg Männer die ausgebreiteten, frisch vom Meer hierher transportierten Fische begutachten, über die Preise diskutieren, wie abgewogen wird und man sich abschließend mit einem freundschaftlichen Handschlag verabschiedet.

Mutrah, Mutrah Corniche (Al-Bahri Road) • tgl. 8–13 und 16–20 Uhr, Fr nur nachmittags

Sultan Qaboos Grand Mosque
▸ S. 89, westl. a 2

Muscats größte und eindrucksvollste Moschee (die drittgrößte der arabischen Welt) liegt nahe der Stadtautobahn und kann auch von Nicht-Moslems betreten werden. Die 2001 erbaute Moschee wird dominiert von einer Kuppel sowie einem 90 m hohen Minarett, zu dem sich vier weitere kleinere gesellen. Ein symbolträchtiges Element, das die »fünf Säulen des Islam« (das Bekenntnis zu Allah, das tägliche fünfmalige Gebet, das Entrichten von Almosen, Fasten im Ramadan, Pilgern nach Mekka) repräsentiert. Mit spiegelndem Naturstein und von Intarsien bedeckt sind die Außenplätze für 14 000 Betende, während sich im Inneren des Gotteshauses weitere 6000 Gläubige aufhalten können. Wie auch in der Großen Moschee in Abu Dhabi ziert den Innenraum ein gewaltiger, 15 m hoher und 8 m breiter, von Swarovski entworfener Kronleuchter, und den Boden bedeckt ein einziger, 4000 qm großer iranischer Teppich, an dem angeblich 600 Menschen über vier Jahre lang gearbeitet haben sollen.

Zur Moschee gehört eine hervorragend ausgestattete Bibliothek mit mehr als 20 000 Exemplaren, die sich allen Aspekten des Islams widmet und die frei zugänglich ist.

Udhaybah, Sultan Qaboos Road • Sa–Do 8–11 Uhr • Eintritt frei, Frauen nur mit Kopfbedeckung, Männer nur mit langen Hosen, keine Kinder unter 10 Jahren

MUSEEN

Armed Forces Museum ▸ S. 89, b 3

Autobahnen führen durch den Stadtteil Ruwi, der ab 1970 gegründet und ausgebaut wurde und geprägt ist von modernen Häusern im omanischen Look, mehreren vorzüglichen Hotels sowie zahlreichen Wadis (zeitweilig austrocknenden Flussläufen), über die sich heute

Brücken spannen. Hier liegt auch das Armed Forces Museum – die wenig ansprechende Bezeichnung lässt nicht erkennen, dass es sich hier um eines der schönsten Museen des Landes handelt, untergebracht im historischen Bayt al-Falaj, das sich der damalige Sultan Said bin Sultan 1845 als Sommerpalast errichten ließ und das in den folgenden Jahrzehnten zu einer Festung erweitert wurde. Heute beherbergt es nicht nur historische Waffen und Kanonen, die den Grundstock des Museums bilden, sondern informiert auf faszinierende Art und Weise durch seine geschichtsträchtige Umgebung und mittels didaktisch gut aufbereiteter Sammlungen, warum die Omanis in früheren Jahrhunderten so viele Forts und Befestigungsanlagen errichten ließen. Gezeigt werden auch Vater und Großvater des heutigen Sultans, die sich noch kämpferisch für die Geschicke ihres Landes einsetzen mussten. Besonders schön sind die Außenanlagen des Museums, das umgeben von herrlichen, üppig grünenden Gärten liegt. Zum Gedeihen beziehen diese ihr Wasser aus den Bergen, das in den traditionellen Falaj-Kanälen herbeigeschafft wird.
Ruwi, Al Muyamma Street • Sa–Mi 7.30–14, Do 9–12 und 15.30–18, Fr 9–11 und 15.30–18 Uhr • Eintritt 1 RO

Bait al-Baranda ▸ S. 89, c 2

Bait (auch: Bayt) ist die arabische Bezeichnung für ein altes Handelshaus, wie sie typisch für Muscat waren. Heute gibt es nur noch wenige davon, diese sind aufwendig restauriert und beherbergen teilweise Museen. Ganz in der Nähe der Corniche und des Hafens von Mutrah liegt das einst im Besitz einer lokalen Händlerfamilie befindliche »Haus der Balkone«, heute ein vorzügliches Museum, das in ungewöhnlich umfassender Weise über die Entwicklung des Sultanats informiert. Dem Besucher stehen Ausstellungsräume zur Verfügung, in denen mittels interaktiver Präsentation die naturhistorische Entstehung Omans vorgeführt wird; man erfährt z. B., auf welche Weise Wüsten und Wadis entstehen. Die diversen in Oman siedelnden Kulturen werden porträtiert und die Mysterien des Weihrauchhandels erläutert.
Mutrah, Al-Mina Road, Mina Qaboos • www.baitalbaranda.com • So–Do 9– 13 und 16–19 Uhr • Eintritt 1 RO

Bayt Fransa ▸ S. 89, e 2

Das während des 19. Jh. errichtete Bayt Fransa war über ein Jahrhundert lang der Amtssitz französischer Konsule. Erbaut wurde es im prächtigen indisch-arabischen Stil für eine Prinzessin, eine Nichte des damaligen Sultans. Der Baustil entspricht den lokalen Vorlieben: Um einen mit Veranden ausgestatteten Patio gruppieren sich zahlreiche durch Treppenaufgänge miteinander verbundenen Zimmer. Die Restaurierung von Bayt Fransa begann ab 1980 und wurde vollständig vom französischen Staat übernommen. Im Haus zu sehen sind die originalen Einrichtungsgegenstände, die vom Ende des 19. Jh. stammen. Daneben gibt es eine Ausstellung französischer und omanischer Mode der damaligen Epoche sowie Dokumente, die die französisch-omanischen Beziehungen beleuchten.
Old Muscat, Qasr al-Alam Street • Sa–Do 9–13 Uhr • Eintritt 0,5 RO

Authentisch und unverfälscht: Im Souk von Mutrah (▶ S. 90) kann man sich unter die Einheimischen mischen und orientalischen Alltag hautnah erleben.

Bayt al-Zubair   ▶ S. 89, d 2/3

Im Jahre 1914 ließ sich Sheikh Zubair dieses Anwesen errichten und mit bester arabischer Handwerkskunst ausstatten. Nach der Restaurierung durch seinen Sohn Mohammed al-Zubair, einen wohlhabenden Omani und Besitzer des Shangri-La-Hotels, beherbergt Bayt al-Zubair heute nicht nur prächtige Kunsthandwerkssammlungen (u. a. antike Weihrauchgefäße) und weitere ethnografische Schätze, sondern auch eine umfassende Sammlung antiken omanischen Silberschmucks. Da einzelne Stücke nach wie vor in Oman käuflich zu erwerben sind bzw. Kopien älterer Stücke gefertigt werden, lohnt es sich, einen umfassenden Einblick in die Vielfalt der Verarbeitung und Stile zu nehmen. Zum Haus gehört auch noch ein schöner Garten, den der einstige Besitzer anstelle zweier Nachbarhäuser errichten ließ. Dort können Modelle historischer Fischerboote sowie der Nachbau eines kleinen Souks betrachtet werden.

Old Muscat, As Saidiyah Street • www. baitalzubairmuseum.com • Sa–Do 9.30–13 und 16–19 Uhr • Eintritt 1 RO

Muscat Gate House Museum
▶ S. 89, d 2

Zwar wurden die alten Stadttore, die den Zugang in die Altstadt erlaubten, längst abgerissen, doch sorgten Sultan Qaboos und seine Stadtplaner dafür, dass Muscat heute wieder ein mächtiges neues Stadttor besitzt. Das Museum, das darin untergebracht ist, beherbergt im Wesentlichen eine Fotoausstellung, eine zwar eher enttäuschende Ansammlung von Dokumenten zur Stadtgeschichte, lohnenswert ist hingegen die Betrachtung der baulichen Struktur des Stadttores sowie der schöne Blick vom Dach, der reizvolle Fotoaufnahmen ermöglicht.

Old Muscat, Al-Bahri Road • Sa–Do 9.30–12.30 und 16.30–19 Uhr • Eintritt frei

National Museum   ▶ S. 89, a 3

Das Museum umfasst ethnografische, geschichtliche und (kunst-)handwerkliche Abteilungen. Neben traditionellen Kleidungsstücken, Silberschmuck, Schiffsmodellen und Keramikarbeiten kann der Besucher vor allem die schönen alten Möbelstücke bewundern. Eine Sonderausstellung widmet sich der 1844 geborenen Prinzessin Sayyida Salamah, Tochter von Said Bin Sultan, die sich in einen deutschen Handelsvertreter verliebte und mit ihm nach Hamburg übersiedelte.

Ruwi, Al-Noor Street • Sa–Do 9– 13 Uhr • Eintritt 0,5 RO

Natural History Museum
▶ S. 89, westl. a 2

Das naturgeschichtliche Museum umfasst eine große Abteilung zur Vogelwelt Omans und eine Wal-Halle mit riesigem Skelett.

Ministry of National Heritage and Culture Complex, Al-Wazarat Street • Sa–Do 9–13 Uhr • Eintritt 0,50 RO

STRAND

Muscats Fünf-Sterne-Hotels in der Capital Area stehen auch Nicht-Hotelgästen offen. Gegen eine Gebühr können Liegen am Wasser ebenso wie Poolanlagen benutzt werden.

SPAZIERGANG

Stadtplan ▶ S. 89

Man beginnt den 3 km langen Spaziergang an der **Bucht von Mutrah**, etwa zwischen dem meerseitigen Ausgang des **Mutrah Souks** und dem gegenüberliegenden **Fischmarkt**, und wendet sich nach Osten gen Muscat. Vorbei an alten Handelshäusern und bewacht vom **Mutrah Fort** verläuft die Al-Bahri Road (hier noch Mutrah Corniche). Die Straße führt weiter an der Bucht entlang. Rechts taucht dann der hügelige **Riyam Park** auf, auf dessen höchster Erhebung ein überdimensionaler Weihrauchverbrenner aufragt. Die Al-Bahri Road erreicht wieder das Meer und führt anschließend »inland« nach Muscat, das sie an dessen nordöstlicher Stadtgrenze erreicht. Zur Linken erblickt man auf einem Berg das **Fort Mirani**, das zusammen mit dem **Fort Jalali** die Bucht von Muscat bewacht.

Dauer: 1,5 Std.

ESSEN UND TRINKEN

Am günstigsten isst man an den **Shawarma-Ständen** am Straßenrand gegrilltes Hammel- oder Hühnerfleisch, in Fladenbrot gepackt, mit Salat und einer Joghurtsauce garniert – nach wie vor ein traditionsreicher, hygienischer Imbiss. Auch Fast-Food-Ketten haben Einzug gehalten in Muscat, besonders in den **Food Courts** der Shoppingmalls sind diese bei Omanis beliebte Alternativen zur arabischen Küche. Auf die Restaurantpreise werden 17 % Steuern und Bedienungsgeld aufgeschlagen (»tax and service charge«). Die Preise in den Restaurants der Luxushotels entsprechen europäischem Standard.

The Restaurant   ▶ S. 89, d 2

Luxus, Deko und Küchenmix • Muscats beste Adresse für internationale Küche befindet sich im

Faszinierende Einblicke in Flora und Fauna gewährt das Natural History Museum (▸ S. 94) in Muscat. Besonderes Highlight ist ein riesiges Walskelett.

Hotel The Chedi. Das Dekor wurde vom japanischen Stararchitekten Koichi entworfen, passend zum Hotel mit nahezu meditativer Note und klaren Linien. Acht gewaltige Kristallleuchter und ein exquisites Beleuchtungskonzept betonen die ungewöhnliche Einrichtung. Der Blick hinaus auf die Wassergärten und das Meer ist gleichfalls einmalig. Eine weitere Besonderheit des Restaurants sind die vier offenen Showküchen, die den Gästen indische, asiatische oder italienische Gerichte zubereiten, während die vierte Station ambitionierte Dessertkreationen zaubert. Die Weinauswahl ist beeindruckend und als gläserner Weinkeller für alle Gäste einsehbar. The Chedi Muscat, North Ghubrath 232, Way No. 3215, St. No. 46 • Tel. 24 52 43 43 • www.chedimuscat. com • tgl. 12–15 und 19–23 Uhr • €€€€

Sharazad ▸ S. 89, südöstl. e 3

Dinner mit Gesang • Im schönsten der drei Hotels des Shangri-La

Resorts, dem Al-Husn (6 Sterne), befindet sich dieses marokkanische Restaurant. Dekor und Ambiente haben Erinnerungswert, vom künstlichen Sternenhimmel zu den üppigen Mosaiken und der eher coolen, zeitgenössischen Einrichtung. Das Essen ist köstlich und authentisch marokkanisch. Neben diversen im typischen Tajine-Tontopf servierten Gerichten locken besonders die reichhaltigen Vorspeisen. Ein beson-

deres Erlebnis ist es, die regelmäßig abends dargebotenen Gesänge zu hören, die teilweise aus spirituellen Sufi-Traditionen schöpfen.
Al Husn, Shangri-La Al-Jissah Resort • Tel. 24 77 65 65 • www.shangri-la. com • tgl. 19–23 Uhr • €€€€

Golden Oryx   ▶ S. 89, b 3

Mongolisches Buffet • Seit Jahren eines der beliebtesten Lokale für chinesische und Thai-Küche: Die niedrigen Preise und die aufmerksame Bedienung tragen zum Erfolg bei. Während man sich im Erdgeschoss an einem mongolischen Buffet bedienen kann, serviert man im ersten Stock chinesische À la carte-Küche. Das Restaurant verfügt über eine Lizenz zum Ausschank von Bier.
Ruwi, Al-Burj Street • Tel. 24 70 22 66 • tgl. 12–15 und 19–24 Uhr • €€

Kargeen Caffe   ▶ S. 89, westl. a 2

Shisha im Grünen • Ein überdimensionaler Weihrauchbrenner stimmt auf das bei Omanis sehr beliebte Restaurant ein, das beste landestypische Küche, köstliche Salate und auch Kuchen und Süßspeisen offeriert. In den Wintermonaten genießt man es, im üppigen Patiogarten auf arabischen Holzbänken unter Bäumen und umgeben von Springbrunnen zu sitzen. In dem Al-Marjad genannten Bereich nehmen die Gäste auf Teppichen und Sitzkissen unter einem angedeuteten Beduinenzelt Platz. Als Aperitif sollte man einen alkoholfreien Cocktail aus frischen Obstsäften bestellen, der auch optisch einen Genuss darstellen. Zum Lunch erfreut sich das üppige Buffet großer Beliebtheit. Nach Dessert und Mokka ordern viele der Gäste

---

MERIAN-Tipp   8

BAIT MUZNA   ▶ S. 89, d 2

Individuelles Einkaufen in schönster Altstadtlage: In der ehemaligen Residenz von Prinzessin Zayyida Muzna, einem zweistöckigen palastartigen Haus mit Innenhof und alten Ölbäumen, kann man mit Muße in wahren Schätzen stöbern. Hier findet man neben seltenen Stücken arabischen Silberschmucks, die fachkundig präsentiert werden, Gemälden lokaler Künstler, antiken Truhen, Eingangsportalen und Bänken auch Artikel für den kleinen Geldbeutel, nämlich Weihrauch in hoher Qualität sowie auf Handwebstühlen gefertigte Decken und Tücher. Nach erfolgreichem Einkauf kann man noch im kleinen angeschlossenen Café einkehren und stilgerecht einen Pfefferminztee und arabische Patisserien zu sich nehmen.
Muscat, Saidiya Street, Way 8662 no. 234 (gegenüber Bayt al-Zubair) • www.baitmuznagallery. com • Sa–Do 9.30–13.30 und 16.30–20 Uhr

Einheimische und Touristen genießen das geschmackvolle Ambiente und die hervorragende arabische Küche im Restaurant Kargeen Caffe (▶ S. 96) in Muscat.

eine mit Erdbeeraroma parfümierte Shisha. Das Konzept des Restaurants ist so erfolgreich, dass es mittlerweile auch Zweigstellen im Al-Harthy Shoppingkomplex sowie in der City Plaza gibt.

Madinat Qaboos Centre (hinter dem Einkaufszentrum), Al-Wattayah • Tel. 24 69 90 55 • www.kargeencaffe. com, www.baitmuznagallery.com • Sa–Do 9.30–13.30 und 16.30–20 Uhr

EINKAUFEN

Ein Bummel durch den **Souk von Mutrah** (▶ S. 90) erfüllt sämtliche Shopping-Gelüste. In der Nähe des Haupteingangs reihen sich auf der rechten Seite zahlreiche Silber- und Antiquitätenhändler. Hier lohnt es sich, die Preise zu vergleichen und das Angebot zu sondieren. Echte omanische Khanjars, die traditionellen Krummdolche mit reich verzierten Griffen, haben jedoch ihren Preis, besonders wenn diese alt oder mit aufwendigen Verzierungen aus Silber gefertigt wurden.

Muscat City Centre

▶ S. 89, westl. a 2

Eine der größten und beliebtesten der modernen Shoppingmalls bietet rund 150 Geschäfte, daneben auch eine sogenannte Fashion Gallery, in der drei Dutzend Designerboutiquen vertreten sind. (SB-)Cafés und Restaurants, regelmäßig stattfin-dende Sales und ein üppiges Unterhaltungsprogramm mit Auftritten von Zauberern, Stelzenläufern und Pantomimen tragen dazu bei, dass das MCC, wie es die Einheimischen nennen, an den Wochenenden zum Ausflugsziel für die ganze Familie wird.

Seeb, Sultan Qaboos Road • www. citycentremuscat.com • Sa–Do 10–22 Uhr

AM ABEND

Nach Sonnenuntergang trifft man sich in den Bars, Lounges und Clubs der Fünf-Sterne-Hotels. Außerhalb der Luxusunterkünfte ist das Ausgehangebot eher eingeschränkt.

John Barry Bar ▸ S. 89, westl. a 2

Die Bar des Grand Hyatt Muscat, eines Hotels im üppig orientalischen Palaststil, genießt seit ihrer Eröffnung einen exzellenten Ruf. Hier gibt es täglich ab 22 Uhr Livejazz. Strand von Shatti al-Qurum • www. muscat.grand.hyatt.com • tgl. 20–2 Uhr

SERVICE
AUSKUNFT
Ministry of Tourism
▸ S. 89, westl. a 2

Sultan Qaboos Road (gegenüber der großen Sultan Qaboos-Moschee) • Tel. 24 81 72 38 • Sa–Mi 8–13 Uhr

Ausflüge
◉ Bahla
46 000 Einwohner

Der Name Bahla steht für die alte, im Aussterben begriffene Lehmbaukunst von Oman: die dortige **Festung (Hisn Tamah)** ist die größte und beeindruckendste des Landes, bereits 1987 in die UNESCO-Liste des Welterbes aufgenommen und ein Jahr später als gefährdetes Weltkulturerbe registriert. Viele Besucher fühlen sich insbesondere auch wegen des sichtbaren Verfalls der Burg berührt. Bahla zeigt in großer Dramatik die Untrennbarkeit von Schönheit, Vergehen und Transformation. So verändert die Burg durch Restaurierungsarbeiten auch Charakter und Aussehen, bleibt aber auf diese Weise von dem rapiden Verfall, wie dieser typisch bei Lehmbauten ist, verschont. Die Burg mit ihren beeindruckenden Ausmaßen

Vor eindrucksvoller Bergkulisse erhebt sich die Festung von Bahla (▸ S. 98), eine Lehmburg, die aufgrund ihres Baumaterials sehr witterungsanfällig ist.

thront auf einer Anhöhe inmitten der zerklüfteten Bergwelt in einer Oase, ihre Fundamente sind teilweise mit dem felsigen Untergrund verbunden. Hisn Tamah trägt vermutlich den Namen ihres Erbauers, eines Oberhauptes der Nabhani-Stammesdynastie aus dem 17. Jh. Die Ursprünge der Anlage sind indes weit älter und reichen nach Untersuchungen einiger Archäologen zurück in vorislamische Epochen. Hunderttausende von Hand geformte, an der Sonne getrocknete Lehmziegel bilden die Mauern des gewaltigen Komplexes, der heute infolge starker Erosion teilweise mit der Umgebung zu verschwimmen und kaum mehr von dieser unterscheidbar zu sein scheint. Nur aus gewisser Distanz lässt sich die Größe der Lehmburg erkennen, die insgesamt 132 Wachttürme besitzt, mehr als jede andere Festung in Oman. 15 schwere Holztore führen hinein.
Wegen Restaurierungsarbeiten zurzeit nicht zu besichtigen
190 km südwestl. von Muscat

◎ **Barka**

81 000 Einwohner

Die Nationalstraße 1 führt von Muscat westlich vorbei an den Royal Stables von Sultan Qaboos und seinem Palast Bayt al-Barakah nach Barka. Die Ortschaft liegt am Meer und ist besonders am Wochenende Ziel von Ausflüglern aus der Hauptstadt. Das **historische Fort** im Zentrum der Stadt wurde im 18. Jh. errichtet, 1984 restauriert, ist aus Lehmziegeln erbaut und besitzt drei Rundtürme sowie einen Wohnturm. Die heute ausgestellten Kanonen und Kugeln dienten einst der Verteidigung vor Angriffen.

Der Souk und der Fischmarkt des Ortes lohnen eine Besichtung nur vormittags, da dann viel Betrieb herrscht. Bekannt ist Barka für seine **Webereien** ⚜, deren Produkte von einer Frauenkooperative vertrieben werden. Hergestellt werden kleine Teppiche in Orange, Rot und Schwarz. In einer **Stierkampfarena** werden Freitagnachmittags Stierkämpfe veranstaltet.
4 km westlich von Barka erreicht man das **Bayt Na'aman**, die Sommerresidenz der Imame. Die wehrhafte Wohnanlage wurde im 18. Jh. gebaut, 1995 restauriert und ist von einem üppigen Palmengarten umgeben. Eine kleine Holztür führt in das Innere, die Zimmer wurden mit historischen Möbeln ausgestattet; in einigen von ihnen sind Silberschmuck, Waffen und Dolche ausgestellt Ein eigener Brunnen diente der Versorgung mit Wasser.
– Fort: Sa–Do 9–15 Uhr • Eintritt 0,30 RO
– Bayt Na'aman: Sa–Do 9–14.30 Uhr • Eintritt 0,50 RO
40 km westl. von Muscat

◎ **Jabrin**

Das Fort von Jabrin erinnert mit seiner prächtigen Ausgestaltung fast an ein Schloss. Es wurde Ende des 17. Jh. als Residenz des Gelehrten Imam Bilarab errichtet und mit zwei Ecktürmen ausgestattet. Um einen zentralen Innenhof gruppieren sich auf mehreren Stockwerken zahlreiche hohe Räume, die mit kunstvoll bemalten Deckendekorationen versehen sind. Viele Nischen sind mit Stuck geschmückt.
Sa–Do 9–16, Fr 8–11 Uhr • Eintritt 0,50 RO
200 km südwestl. von Muscat

◎ Nakhal, Rustaq und Al-Hazm

Nakhal, Rustaq und Al-Hazm – Oman-Kenner bekommen leuchtende Augen, wenn sie die Namen dieser drei Orte hören, verbergen sich doch hinter diesen Bezeichnungen gleich drei außergewöhnliche und mächtige Festungsanlagen, die man gut auf einer einzigen Tour von Muscat aus kennenlernen kann. Man fährt von Muscat zunächst durch die Batinah-Ebene 40 km bis zur Hafenstadt Barka; am Fuße des Hajargebirges liegt 30 km von der Küste die malerische Dattelpalmenoase **Nakhal**. Diese wird dominiert durch die gleichnamige, auf das 9. Jh. zurückgehende **Festungsanlage** ✹. Schon äußerlich beeindruckt das lehmfarbene Bauwerk mit seinen 6 m hohen Mauern, den Zinnen und sechs gewaltigen Rundtürmen, die sich vor dem kahlen steingrauen Bergmassiv erheben. Eine Atmosphäre der Stille und der Erhabenheit zeichnet die Festung aus. Das im 16. Jh. erweiterte und 1990 aufwendig restaurierte Fort zeigt in einzelnen Räumen, wie hier die Menschen in früheren Jahrhunderten lebten. Eindrucksvoll sind besonders die als Küche und Schlafräume genutzten Gebäudetrakte, sehr sparsam ausgestattet mit alten Schnabelkannen, Tabletts und großen Töpfen bzw. Teppichen und schweren Truhen. Reich verzierte und bemalte Deckenbalken prägen einige der Räume ebenso wie in die dicken Wände eingelassene Regale und Nischen.

Die Fahrt nach Nakhal wird oftmals verbunden mit einer Tour in die ungefähr 50 km entfernt gelegene Oase **Rustaq**, um das dortige Fort zu besichtigen, ein weiterer Höhepunkt omanischer Festungsarchitektur. Rustaq, die größte und prächtigste Palmenoase in Omans Norden, erhält ihr Wasser durch fünf »Aflaj«, historische Bewässerungskanäle, und war lange Zeit religiöses und politisches Zentrum des Landes. Es war die strategisch günstige Lage zwischen Meeresküste und dem Gebiet des Jebel Akhdar, die zur Errichtung der **Festung Qalat al-Qesra**, meist nur Al-Rustaq genannt, führten. Zwei omanische Stämme – Al-Yaruba und Al-Bu-Said – residierten in der vollständig von einer Mauer umgebenen Festung. Vier gewaltige Türme, zwischen 6 und 12 m breit, beherrschen die Anlage. Bei einer Besichtigung sieht man Vorratslager, Gefängniszellen und Waffenräume, im ersten Stock eine kleine Moschee, genannt Al-Bayadah, und im zweiten Stock eine große, archaisch anmutende Küche und Vorratsräume. Vor der Weiterfahrt sollte man noch einen Blick in das Gassengewirr des gegenüberliegenden alten Souks werfen, umgeben von einer im Verfall begriffenen Mauer, durch die mehrere Tore führen.

Letzte Etappe auf der Tour ist das 20 km entfernte Fort von **Al-Hazm**. Umgeben von alten Lehmhäusern und neueren omanischen Prachtvillen inmitten leuchtend grüner Palmenhaine thront das 1708 von Sultan bin Saif erbaute **Lehmfort**, eines der bedeutendsten des an Festungsanlagen reichen Oman. Mit dessen Ernennung zum Imam, zum geistigen Oberhaupt des Landes, wurde Al-Hazm gar zu dessen Hauptresidenz und der Ort zur Regierungszentrale von Oman. Nur sieben Jahre später starb Saif und

Einen reizvollen Kontrast zum steingrauen Bergmassiv bildet die Festung von Nakhal (▶ S. 100), das mächtige lehmfarbene Bollwerk inmitten einer grünenden Datteloase.

wurde, seinem Wunsch entsprechend, im Westturm der Festung begraben. Kennzeichen der 30 x 30 m großen Festungsanlage, die im Inneren eher an einen arabischen Palast erinnert, sind dessen große, sich gegenüberliegende Verteidigungstürme, verbunden durch einen isolierten Gang. Noch heute vorhanden sind die seinerzeit aus Portugal stammenden Kanonen, die im 19. Jh. unter Imam Azzan Bin Qauis angeschafft wurden. Al-Hazm wird durch ein aufwendig mit Schnitzereien versehenes Holztor betreten. Auffällig ist die Gestaltung der zahlreichen Zimmer mit stukkierten Decken, großen Gewölben und den vielen in die Wände eingelassenen und als Schrank genutzten Nischen

– Festung Nakhal: Sa–Do 9–17 Uhr • Eintritt 0,50 RO
– Festung Rustaq: Sa–Do 9–17 Uhr • Eintritt 0,50 RO
– Fort Al-Hazm: Sa–Do 9–17 Uhr • Eintritt 0,50 RO)
120 km südwestl. bzw. 170 km südwestl. bzw. 160 km westl. von Muscat

Keramikwaren in allen Formen und Größen bietet der Souk in Nizwa (▶ S. 102) feil. Auf der Suche nach einem Souvenir wird man hier sicher fündig.

◎ Nizwa

75 000 Einwohner

Einer der schönsten Ausflüge führt in die historische Stadt Nizwa, 630 n. Chr. gegründet und umgeben von Palmenhainen und blau schimmernden Bergrücken. Sie gilt als Silberhauptstadt des Landes und ist gleichzeitig ein religiöses Zentrum. Die Lage am Rande zweier großer Wadis führte zur Anlage kunstvoller Wasserkanäle, den sogenannten »Aflaj«, und dazu, dass die Stadt schon früh florierte. Ein mächtiges **Fort**, ein Paradebeispiel omanischer Festungsarchitektur, dominiert die Altstadt, weithin zu erkennen an seinem gewaltigen Rundturm, dessen Dimensionen von 40 m Durchmesser und 28 m Höhe auch in Oman einzigartig sind. Besucher können den Festungsturm betreten und sich selbst ein Bild von der ausgeklügelten Verteidigungsarchitektur machen. Ein System von Plattformen und insgesamt sechs schweren Holztoren, hinter denen stets neue Treppen warten und hinter denen man sich im Falle eines Angriffs verbarrikadieren konnte, sind zu überwinden, bevor man im Freien, nämlich auf der obersten, von einer Mauer umgebenen Plattform angelangt ist. Einige verbliebene (von einst 24) Kanonen sind auf die Schießscharten ausgerichtet. Heute erfreut man sich an der friedlichen Atmosphäre und genießt den Blick auf die umgebenden Palmenhaine. In früheren Jahrhunderten flogen die Kanonenkugeln durch diese Öffnungen.

Reizvoll ist auch der vom Innenhof des Forts über hohe Stufen aus Stein zu erklimmende Wehrgang. Für die Mühen des Aufstiegs wird man mit bezaubernden Fotomotiven belohnt, u. a. dem Blick auf die an 1001-Nacht erinnernde Moschee mit blau-goldener Zwiebelkuppel der nahen Sultan Qaboos-Moschee.

Einen Besuch verdient auch der restaurierte **Souk**, der sich zu Füßen des 40 m hohen Kanonenturms erstreckt. Es fehlt ihm zwar etwas an ursprünglicher Ausstrahlung, doch ist er mit seinen Cafés und schattigen Wegen, den angebotenen Keramikwaren und den Schmuckständen sehenswert. Einen weiteren Blick sollte man in den nicht restaurierten Ost-Souk werfen, der inmitten der runderneuerten Anlage noch das originale Markttreiben widerspiegelt.

Für die Feiern zum National Day 1994 ließ der Sultan vor der Stadt ein neues Superstadion mit beeindruckenden Ausmaßen errichten.

150 km südwestl. von Muscat

◎ Sohar

50 000 Einwohner

Folgt man der Nationalstraße 1 von Muscat nach Nordwesten, gelangt man über Seeb und Barka durch die fruchtbare Batinah-Ebene in die alte Hafenstadt Sohar. Zuvor passiert man zahlreiche Fluchtburgen und Festungen, die gegen Angreifer und Invasoren schützen sollten. Die weitläufige Hafenstadt Sohar war schon im 10. Jh. ein Stützpunkt des Handels mit Indien und Ostafrika und wird als Geburtsstadt (9. Jh.) von Sindbad dem Seefahrer ausgegeben. Das schon von Weitem sichtbare weiße Fort zeigt eine Ausstellung seiner Reisen und Erfolge.

Sohar wurde mit großem Aufwand begrünt, seine 3 km lange Corniche mit üppigen Palmen und Bougainvillen bepflanzt. An den Verkehrskreiseln ragen große Skulpturen auf, die Kaffeekannen, Dhaus und Kamele darstellen.

Das **Sohar Fort**, ganz in Weiß im Zentrum der Stadt gelegen, wurde im 13. Jh. auf den Ruinen eines Vorgängerbaus an der Bucht errichtet und 1981 restauriert. Sechs Wachttürme schützen die vierstöckige Festung. Sein Museum zur Seefahrtgeschichte der Stadt dokumentiert den Handel Sohars im Mittelalter und die Eroberung durch die Portugiesen. Ausgestellt wird auch ein Brief des Propheten Mohammed aus dem Jahr 630. Das Fort wird von einer Park- und Gartenanlage umgeben, sodass man die Festung von allen Seiten sehen kann. Auch der Fischmarkt an der Corniche (Richtung Sohar Beach Hotel) lohnt vormittags einen Ausflug.

Sohar-Fort: Sa–Do 9–17, Fr 14–17 Uhr • Eintritt 0,50 RO

235 km nordwestl. von Muscat

Salalah

130 000 Einwohner

Die Hauptstadt der Provinz **Dhofar** ersteckt sich im Süden von Oman (rund 1000 km südlich von Muscat) am Meer. Die moderne Hafenstadt besteht aus Neubauten, die kleine Altstadt Al-Hafah beim Sultanspalast wird gegenwärtig restauriert. Der westlich gelegene Containerhafen wurde ausgebaut, die Infrastruktur der Stadt verbessert, die Hafenstadt avancierte zum Wirtschaftszentrum des Südens. Ausgedehnte Plantagen erstrecken sich um und in der weitläufigen Stadt: Haine von Kokospalmen, in ihrem Schatten Papaya, Mangos und Bananen, die vom Südwestmonsun (Kharif) »bewässert« werden. Diese »Regenzeit« ließ Dhofar zur omanischen Sommerfrische avancieren. An zahlreichen Straßenständen werden Obst, frisch gepresste Säfte und Trinkkokosnuss angeboten.

Die 2000 Jahre alte Hafenstadt **Al-Baleed** wurde in der Blüte ihres Ostafrikahandels im 13. Jh. überfallen und geplündert und verfiel seitdem zunehmend. Vor 200 Jahren entstand die Stadt Salalah auf den Ruinen von Al-Baleed. Die Hauptsehenswürdigkeit der Stadt ist der archäologische Park Al-Baleed, ein UNESCO-Welterbe.

WUSSTEN SIE, DASS …

… Weihrauch (Boswellia sacra) u. a. aus der Provinz Dhofar in Oman stammt und dort als Baumharz gewonnen wird?

HAFEN

Der Mina (Port) Salalah, früher Mina Raysut, liegt 20 km westlich von Salalah. Kreuzfahrtschiffe benutzen das General Cargo Terminal. Da es in der Stadt außer einem (jedoch sehr sehenswerten) Museum nichts zu sehen gibt, lohnt sich eine Taxifahrt in die Stadt nicht. Es ist besser, zuvor eine Tour in die östlich von Salalah gelegenen Orte, z. B. nach Taqah, Sumhuram und Mirbat zu buchen, die dann wahrscheinlich ohnehin das Museum auf dem Programm haben.

SEHENSWERTES

Al-Baleed Archaeological Park

Man betritt den 65 ha großen archäologischen Park, der sich in einer Dünen- und Lagunenlandschaft erstreckt und durch Rasenflächen gegliedert ist, durch ein Tor an der Straße. Die weitläufige Ausgrabungsstätte und ihr angeschlossenes

Museum sind methodisch und auch didaktisch hervorragend gestaltet. Man sieht Ruinen einer untergegangenen Hafenstadt, die vom 10. bis zum 13. Jh. ihre Blüte erlebte. Im Westen der Anlage befinden sich die Reste der Großen Moschee, nur wenige Säulen der einstigen Halle sind in ihrem Hof erhalten, die übrigen wurden durch neue halbhohe Steinsäulen ersetzt. Ausgegraben wurden auch die Ruinen einer Festung, die vermutlich palastartigen Charakter hatte, mit hohen Außenmauern und einem Rundturm. Man entdeckt weiterhin Reste einer kleineren Moschee mit Waschplatz, Lagerhäuser, Ruinen der Stadtmauer und eines Friedhofs. Auch wurden mehrere gepflasterte Straßen ausgegraben. Die Stätte wurde von dem Aachener Archäologen Michael Jansen freigelegt und erforscht. Alle Fundstellen sind mit zweisprachigen Tafeln versehen, und elektrisch betriebene Golfkarts bringen die Besucher über die gepflasterten Wege. Von einem Beobachtungsturm (»viewing tower«) gewinnt man einen guten Überblick über das Gelände. Im Freizeitbereich stehen ein Spielplatz und Boote zur Verfügung, mit denen man in der Lagune herumpaddeln kann.

Khor Al-Baleed, Sultan Qaboos Street • Sa–Mi 8–14 und 16–20, Do, Fr 16–20 Uhr • Eintritt 2 RO pro Auto

Al-Hafah

Die historische Altstadt steht heute unter Denkmalschutz und wird wieder aufgebaut. Die zwei- bis dreistöckigen Häuser aus Kalkstein werden von stilisierten Zinnen gekrönt und erinnern an den südjemenitischen Baustil. Weiß gekalkte Streifen

Die Gassen in Salalahs Altstadt Al-Hafah (▸ S. 104) säumen niedrige, kleine Lehmbauten, von denen derzeit viele restauriert werden.

gliedern die Etagen, und die Fenster sind durch Holzgitter geschützt.
Al-Hafah, zw. Corniche und Qaboos Street

Cultural Centre

Highlight des Kulturzentrums mit großer Bühne für Theater- und Tanzaufführungen sind vergrößerte Schwarz-Weiß-Fotos des britischen Forschungs- und Entdeckungsreisenden Sir Wilfred Thesiger, der in den 1940er- und 1950er-Jahren die Wüsten von Oman durchquerte. Er beschrieb die Stadt Salalah 1945 in seinem berühmten Reisebericht »Die Brunnen der Wüste«.
Robat Street, ab Al-Nahdah Street • Sa–Mi 8–14 Uhr • Eintritt frei

Khor Salalah ✿

Das Vogelschutzgebiet beherbergt im Winter zahlreiche Zugvogelarten, darunter auch Enten, Störche, Ibisse und Flamingos. Das Gelände kann nicht betreten werden, man muss sich mit einem Blick durch den Zaun begnügen.
Qaboos Street (westl. Ende)

MUSEEN
Museum of the Frankincense Land

Im Weihrauchmuseum wird die Geschichte von Oman und des Weihrauchlandes sowie des omanischen Seehandels veranschaulicht. Schiffsmodelle in der Vorhalle und in der Maritime Hall geben einen Einblick in die omanische Schiffbaukunst. Ein Modell des omanischen Bewässerungssystems mit Falaj-Kanälen und -tunneln zeigt, wie das Wasser von der Quelle durch Rinnen und zementierte Kanäle zu den Feldern und Verteilungsstellen im Dorf geleitet wurde und wird. Modelle der Festung Bahla und der Sultan

MERIAN-Tipp 9

WEIHRAUCH AUS DEM WEIH-RAUCHLAND

Im Commercial Center von Salalah gibt es Weihrauch und andere Duftharze, dazu die schönsten Weihrauchverbrenner aus Ton. In dem weißen Bauwerk betreiben Frauen in bunten Kleidern und afrikanisch geschmückt kleine Geschäfte. Das moderne Gebäude mit einer Lichtkuppel, gelegentlich New Souk genannt, bietet auch Kunsthandwerk und andere Souvenirs.

Salalah, 23rd July Street • Sa–Do 9–20, Fr ab 15 Uhr

Qaboos-Moschee von Muscat geben eindrucksvolle Einblick in die Größe und Erhabenheit dieser Bauwerke. Eine Cafeteria und ein Souvenirladen laden zu einer Pause.

Khor Al-Baleed, Sultan Qaboos Street (östl. Ende des Archäologieparks) • Sa–Mi 8–14 und 16–20, Do, Fr 16–20 Uhr • Eintritt 2 RO pro Auto, ohne Auto Eintritt frei

STRÄNDE

Crowne Plaza Hotel

Der schöne Sandstrand des Hotels Crowne Plaza ist umgeben von Kokospalmen-Plantagen und bietet eine gute Bademöglichkeit.

Crowne Plaza Hotel, Sultan Qaboos Street (neben dem Museum of the Frankincense Land), Al-Daharix

Al-Bahri Beach

Der belebte und beliebte breite Strand bietet für die Badenden nur wenig Infrastruktur, einige fliegende Händler verkaufen Erfrischungen und kleine Snacks.

Al-Bahri Corniche, westl. von Al-Baleed

SPAZIERGANG

Spazierengehen macht auf der Arabischen Halbinsel kaum Spaß, es ist heiß, man findet wenig Schatten, und Spazierwege und Fußgängerzonen sind selten. Die nahezu tropischen Gärten und Haine von Salalah mit ihren Mango- und Papayabäumen, Bananenstauden sowie Kokospalmen im Süden der Stadt machen da eine Ausnahme und verlocken zu einem Bummel auf schattigen Wegen, die im Grünen entlang von Wasserkanälen (»falaj«, Plural »aflaj«) führen.

Zw. Sultan Qaboos Street und Al-Muntazah Street

ESSEN UND TRINKEN

Dolphin

Gartenrestaurant unter Palmen • Das im Crowne Plaza Hotel gelegene, gehobene Restaurant bietet ein internationales Buffet und herrlichen Blick aufs Meer.

Crowne Plaza Hotel, Sultan Qaboos Street, Al-Daharix • Tel. 23 23 53 33 • www.crowneplaza.com/salalah • tgl. ab 18 Uhr • €€€€

Bin Ateeq Restaurant for Traditional Omani Foods

Wie früher • In einem traditionellen Haus nehmen die Gäste in kleinen Separees auf Teppichen und Sitzkissen Platz, dann werden knuspriges Brot, Wasser und Tee gereicht. Anschließend bestellt man arabische Spezialitäten aus dem Dhofar.

23rd July Street • Tel. 23 29 23 80 • tgl. 11–23 Uhr • €€

Weihrauchernte: Durch Schnitte in Stamm und Äste wird das Weihrauchharz gewonnen, das man als Souvenir (▶ MERIAN-Tipp, S. 106) erstehen kann.

Lebanese House (Al-Luban)

Libanesische Spezialitäten • Das Restaurant serviert arabische Küche: Lamm-, Huhn- und Fischgerichte auf libanesische Art. Auch vegetarische Gerichte werden angeboten. Al-Salam Street • Tel. 23 21 21 00 • tgl. 12–22 Uhr • €€

Mughsayl Beach Tourist Restaurant

Pause beim Ausflug • Vor den Wasserfontänen von Mughsayl liegt am Strand ein Restaurant, das sich auf Touristen aus aller Welt spezialisiert hat und internationale Küche bietet. Mughsayl Beach, Mughsayl • Tel. 23 92 16 58 • tgl. 9–22 Uhr • €€

Ahla

Authentisch & gut • Das Restaurant bietet in seinem großen Innenraum preiswerte arabische Küche mit Lamm- und Hühnergerichten. Es ist immer voll von Einheimischen und indischen Expatriates. Al-Salam Street (neben Redan Hotel) • Tel. 23 29 40 40 • tgl. 0–24 Uhr • €

Friedlich grasen die Dromedare in der Lagune Khor Mughsayl (▶ S. 109) und teilen sich den kargen Lebensraum mit zahlreichen Wasservögeln.

Al-Fareed

Traditionelles Haus • Das Restaurant mit authentisch arabischer Atmosphäre serviert für Familien und Gruppen in eigenen abgetrennten Räumen arabische und indische Küche, am Wochenende auch in Form eines Buffets. Arabisches Brot aus dem Ofen und Houmus sind als Vorspeise sehr empfehlenswert.
23rd July Street (gegenüber dem Al-Khayyam Restaurant) • Tel. 23 29 23 82 • tgl. 18–23 Uhr • €

Omar al-Khayyam

Indisch-chinesisch • Neben vegetarischen Gerichten aus Nordindien bietet das Restaurant eine Auswahl an köstlichen Fruchtsäften und Mango Lassi, einem indischem Joghurt-Getränk.
23rd July Street (gegenüber des Al-Fareed Restaurants) • Tel. 23 29 30 04 • tgl. 18–24 Uhr • €

EINKAUFEN

Al-Husn Souq

Der historische Souk der Altstadt wurde restauriert und erneuert und bietet seinen Kunden Früchte, Kunsthandwerk und verschiedene Baumharze, die als Duftstoffe geschätzt werden. Dazu gehören auch Weihrauchbrenner (»manjar«) aus Ton. Duftmischungen (»bokhur«) werden aus verschiedenen Baumharzen, Blütenölen und Hölzern zusammengestellt und in Dosen und Gläsern angeboten.
Al-Hafah, zw. Corniche und Qaboos Street • tgl. 8–13 und 16–21 Uhr

SERVICE

AUSKUNFT

Museum of the Frankincense Land

Khor al-Baleed, Sultan Qaboos Street • Tel. 24 69 86 85 • Sa–Mi 8–14 und 16–20, Do, Fr 10–20 Uhr

Ausflüge

◎ Ain Razat

Die Quellen von Razat versorgen ein weites System von »Falaj«-Kanälen mit Wasser, das zu den Feldern, Obsthainen und Gärten der Region geführt wird und ein kleines Wäldchen entstehen ließ. Dieses wird von den Einheimischen als Picknickplatz geschätzt. Ein Spaziergang entlang der Kanäle führt zu antiken »aflaj«, die zerfallen sind und bei denen sich die Konstruktionsweise und das Verteilsystem gut erkennen lassen.

7 km nordwestl. von Salalah

◎ Bin Ali's Tomb

2 km vor Mirbat liegt das Grabmal des heiligen Sheikh Mohammed Bin Ali auf einem großen Friedhof. Die weiße Moschee, die von zwei Zwiebelkuppeln bekrönt wird und ein kleines Brunnenhaus (Waschplatz) aufweist, ist das Mausoleum eines Nachfahren des Schwiegersohns Ali des Propheten, der im 12. Jh. in Mirbat starb.

70 km östl. von Salalah

◎ Mausoleum An Nabi Ayub

Die Grabstätte von Hiob (engl.: Job), Prophet des Alten Testaments und von Muslimen Ayub (Ayoub, Ayoob) genannt, liegt auf einem Plateau, das einen schönen Blick in die Ebene von Salalah ermöglicht. In einem kleinen Kuppelhaus sieht man eine 3 x 1 m große, gruftähnliche Grabstätte, von Tüchern abgedeckt. Neben dem Mausoleum lässt sich ein Fußabdruck im Betonboden erkennen, der als Hiobs Abdruck interpretiert wird. Neben dem Mausoleum ragt eine Moschee mit Minarett auf. Ob der Prophet hier tatsächlich seine letzte Ruhestätte fand, ist unsicher, denn weitere Gräber in Syrien, dem Libanon und Irak beanspruchen ebenfalls für sich, die sterblichen Überreste des Propheten zu bergen.

20 km nordwestl. von Salalah zw. Titam und Ghadu

◎ Mirbat

6000 Einwohner

Das einstige Weihrauchhandelszentrum Mirbat, heute ein kleines hübsches Fischerdorf, umfasst zahlreiche eindrucksvolle Wohn- und Handelshäuser, die mit reich verzierten hölzernen Fensterverkleidungen und Türen aufwarten, von denen einige vor dem Verfall gerettet wurden. Vom 9. bis ins 18. Jh. wurde hier Weihrauch auf Schiffe verladen und mit Pferden gehandelt. Die zweistöckige Festung (Mirbat Castle) wurde perfekt restauriert, von ihrem Dach aus hat man einen schönen Ausblick auf die Stadt, ihren Strand und die Umgebung.

Festung: Sa–Do 9–15 Uhr •
Eintritt 0,50 RO
70 km östl. von Salalah

◎ Mughsayl

Die Bucht von Mughsayl, die mit einem langen weißen Sandstrand und schattigen Pavillons aufwarten kann, wird im Westen von dunklen Klippen begrenzt. Unterhalb der Klippen liegt eine Felsterrasse, die bei Wellengang unterspült wird: Durch mehrere Löcher (»blow holes«) schießt dann das Meerwasser fontänenartig in die Höhe, was ein sehenswertes Naturschauspiel darstellt. Auf der anderen Seite der Straße befindet sich die Lagune **Khor Mughsayl**, ein Paradies für zahlreiche Wasservögel.

40 km westl. von Salalah

◎ Sumhuram

Das im Dhofar gewonnene Weihrauchharz wurde nicht nur mit Ka-
melkarawanen durch den Jemen und

Touristenattraktion im Süden von
Oman: Taqah Fort (▸ S. 110).

Saudi-Arabien zum Mittelmeer gebracht, sondern auch auf dem See-
weg durch das Rote Meer. Die Ruinen des im 2. Jh. über der Lagune
Khor Rori von einem jemenitischen
König gegründeten antiken Weihrauchhafens Sumhuram (Samaram)
wurden in den 1950er-Jahren von
dem US-amerikanischen Archäologen Wendell Phillips freigelegt und
später von Archäologen der Uni-
versität Pisa systematisch ausgegraben. Hohe Befestigungsmauern aus
Steinquadern umgaben die Stadt, die
Ruinen der Häuser sind rund 2 m
hoch. Lagerhallen für Weihrauch
mit Säulen, die das Dach trugen, ein
großer Brunnen und ein 5 m hoher

Tempel für den Mondgott Sin sind
deutlich auszumachen. Grabungs-
funde zeigen, dass sich der Handel
bis nach Rom, Indien und Fernost erstreckte; die Ware wurde nach
der Ankunft in Sumhuram auf
Kamele verladen und auf der Kara-
wanenstraße zum Mittelmeer wei-
tertransportiert Sa–Do 8–14 Uhr • Eintritt 0,50 RO)
40 km östl. von Salalah

◎ Taqah Fort

18 000 Einwohner

Die kleine Stadt Taqah liegt am
Meer, an ihrem Strand werden Sar-
dinen zur Viehfütterung und Dün-
gung getrocknet. Die Altstadt besitzt zahlreiche Kalksteinhäuser mit
hölzernen Gitter-Dekorationen. Im
Zentrum der einst wohlhabenden
Handelsstadt steht die historische
(restaurierte) Festung mit vier Ecktürmen. Die niedrigen Räume des
kleinen Forts wurden mit antiken
Möbeln und Dekorationen origi-
nalgetreu ausgestattet. Eine Sammlung alter Haushaltsgeräte ergänzt
die Atmosphäre des authentisch wir-
kenden Forts. Sa–Do 9–16, Fr 9–12 Uhr • Eintritt
0,50 RO
30 km östl. von Salalah

◎ Ubar

Der sechs- bis achtstündige Ausflug
von Salalah nach Ubar ist anstrengend, da die zweite Hälfte der Anfahrt über eine Piste verläuft, aber
sehr lohnenswert. Er führt in das von
Lawrence von Arabien so benannte
»Atlantis der Wüste«, eine bei der
Oase Shisr versunkene Karawanserei. Der US-amerikanische Archäo-
loge Yuris Zarins begann in den
1990er-Jahren mit der Suche und

den Grabungen, da Satellitenaufnahmen die Routen der Handelswege sichtbar machten und auf den Fundort des in der Bibel und im Koran beschriebenen Ortes und Kreuzungspunktes historischer Karawanenwege hinwiesen. Hier wurden Kupfer und Weihrauch aus Oman sowie Gewürze aus Fernost transportiert. In einem 10 m tiefen Krater, der vermutlich durch das Einbrechen der Kalksteindecke entstand, fand Zarins die Ruinen der Karawanserei an einer Quelle. Die Siedlung ist rund 5000 Jahre alt; antike Wege, Reste von Grundmauern und Ruinen eines Tempels wurden freigelegt. Ein kleines Museum präsentiert die bei den Grabungen entdeckten Fundstücke: Keramik aus Ägypten und Steintafeln aus dem Jemen. Heute wird das Quellwasser für die Bewässerung der Oase Shisr verwendet.
175 km nördl. von Salalah

◎ Wadi Darbat ✿

Selten sieht man auf der Arabischen Halbinsel Wasserfälle. Dementsprechend außergewöhnlich ist dieser Ort: Bis zu 70 m stürzen im Wadi Darbat, das in die Lagune von Khor Rori mündet, die Wasserfälle über Kalksteinklippen in die Tiefe. Nach dem sommerlichen Monsun lassen sich gleich vier Fälle und zahlreiche Kaskaden ausmachen, im Winter ist es dann nur noch ein kleiner Wasserfall. Das Wadi wird von mehreren Bächen gespeist, die drei Seen bilden Heimat für eine reichhaltige Tierwelt, darunter viele Vogelarten und Zugvögel. Mehrere Höhlen in den Abhängen des Wadis zeigen Stalaktiten und Stalamiten. Sie wurden von Schäfern zum Schutz aufgesucht, in einigen findet man Zeichnungen von Tieren.
42 km nordöstl. von Salalah zw. Taqah und Sumhuram

Zeugen weit verzweigter Handelsbeziehungen: Reste des antiken Weihrauchhafens Sumhuram (▶ S. 110), von dem aus das Duftharz in ferne Länder transportiert wurde.

Jemen
Das landschaftlich schönste und urtümlichste Land der Arabischen Halbinsel präsentiert eine majestätische Gebirgswelt, in deren Tälern sich Terrassen ausbreiten und Bergdörfer an das arabische Mittelalter erinnern.

◄ Straßenszene in Aden (► S. 113), der einstigen Hauptstadt der Volksdemokratischen Republik Jemen.

Kreuzfahrttouristen lernen den Süden des Landes kennen, für Arabien-Kenner einzigartige Höhepunkte der gesamten Arabischen Halbinsel. Leider aber gilt: In den letzten Jahren wurde die Sicherheitslage in dem bitterarmen Land immer prekärer. Während aufgrund von Auseinandersetzungen zwischen bewaffneten Stämmen Jemen-Touristen seit Langem daran gewöhnt waren, ihre Rundreise auf bestimmte, als sicher geltende Regionen zu beschränken, erfassten die Unruhen im Jahr 2011 nahezu das gesamte Land, und die Proteste gegen Präsident Ali Abdullah Salih wurden schärfer.

Selbstverständlich wird der jemenitische Hafen nur angelaufen, wenn gewährleistet ist, dass ein Besuch der Orte im Südjemen möglich und auch sicher ist. Besucher, denen sich die Gelegenheit bietet, werden feststellen, dass die mitunter verwegen aussehenden Jemeniten besonders herzlich sind und dass die auf einem Aufenthalt hier gewonnenen Eindrücke zu den stärksten und nachhaltigsten der Kreuzfahrt im Arabischen Meer gehören.

Aden

800 000 Einwohner
Stadtplan ► S. 115

Die Stadt Aden hat ihre beste Zeit hinter sich, von der britischen Kronkolonie ist nicht viel geblieben, und auch die Zeit des Sozialismus hat nur eintönige Wohnhäuser hinterlassen. Erst in jüngster Zeit begann man mit der Verschönerung des Stadtbildes. Aden gliedert sich in mehrere Stadtteile: Crater, Maala und Tawahi liegen im halbrunden Krater eines erloschenen Vulkans auf einer Halbinsel, die südlich in den Golf von Aden ragt und von den Kreuzfahrtschiffen passiert wird. Die Halbinsel, die von dem über 500 m hohen Jebel Shamsan überragt wird, schützt den großen Naturhafen, der von mehreren Inselgruppen gesprenkelt wird.

Bereits um 450 v. Chr. findet der Hafen in antiken griechischen Quellen Erwähnung, und 1000 Jahre später eroberten christliche Äthiopier die Stadt. Nach der Islamisierung erhielt die Stadt in der Mitte des 7. Jh. den Namen Adan. Die Türken eroberten Aden in ihrer Handelsblüte 1539. Nach innerjeminitischen Auseinandersetzungen um die Vorherrschaft verfiel die Stadt zunehmend. Die Briten besetzten Aden 1839, als dort nur noch 1000 Menschen lebten, zur Sicherung des Seeweges nach Indien und machten es 1937 zur Kronkolonie. 30 Jahre später zogen sie sich aus dem Gebiet »östlich des Suez« zurück.

Aden wurde Hauptstadt der sozialistischen Demokratischen Volksrepublik Jemen, bis sich das Land 1990 mit Nordjemen vereinigte. Ein Bürgerkrieg mit dem Ziel, Südjemen wieder selbstständig zu machen, führte 1994 zur weitgehenden Zerstörung der Stadt durch nordjemenitische Truppen.

WUSSTEN SIE, DASS ...

... aus der jemenitischen Hafenstadt Mokha am Roten Meer vom 17. bis 19. Jh. Kaffee ausgeführt wurde und ab dem 18. Jh. von Österreich in Maria-Theresia-Talern bezahlt wurde?

HAFEN

Der Port of Aden liegt zwischen der Halbinsel Jebel Shamsan (Stadtteil Crater) und den Hügeln von Little Aden. Vom Aden Gulf Terminal lassen sich die Stadtteile Maala und Tawahi zu Fuß erkunden, der Stadtteil Crater liegt 3 km östlich. Der Preis für eine Taxifahrt muss vor Fahrtantritt vereinbart werden.

SEHENSWERTES

Al-Aidroos Mosque ► S. 115, c 2

Die bedeutendste Moschee der Stadt liegt im Stadtteil Crater; sie wurde um 1500 im Gedenken an den Stadtheiligen Abdullah al-Aidroos errichtet und im 19. Jh. nach einem Einsturz wieder aufgebaut. Das neben der Moschee liegende Mausoleum des Heiligen wurde im Bürgerkrieg schwer beschädigt.
Al-Aidroos Street • Besichtigung nur von außen

Clock Tower ► S. 115, a 2

Der Hogg Clock Tower wurde in den Jahren 1894/95 von den Briten im Gedenken an Brigadegeneral Adam George Forbes Hogg, seinerzeit Kommandeur von Aden, auf einem Hügel mit Blick auf den Stadtteil und Hafen Steamer Point im Westen der Halbinsel Crater errichtet. Der 8 m hohe Turm aus Ziegelsteinen erinnert an den Londoner Glockenturm Big Ben und wurde bald Little Ben genannt. Eine Treppe führt im Inneren nach oben.
Tawahi, Clock Tower Hill, Steamer Point

Steamer Point ► S. 115, a 2

Der Hafen für Passagierschiffe, gelegen im Kolonialviertel von Tawahi, wurde während der britischen Kolonialzeit erbaut. Das damalige Luxushotel Crescent geht zurück auf die Jahre 1931/32. Bei einem Spaziergang durch den Stadtteil erblickt man noch einige Kolonialhäuser.
Tawahi, Binjisar Street

Tawila Cisterns 🔟 ► S. 115, b 2

Die Zisternen von Tawila, auch Aden Tanks genannt, befinden sich in der Schlucht von Tawila des Jebel Shamsan. Sie wurden im 1. Jh. in vorislamischer Zeit von den Himjariten erbaut und zerfielen im Laufe der Zeit bzw. wurden mit Schutt gefüllt. 1854 wurden sie von den Briten restauriert. Heute ziehen sich 18 (von einst über 50) breite Wasserkanäle und Überlaufbecken aus Vulkangestein, in denen sich Sand und Steine absetzen, die Schlucht hinunter zu Wassersammelbecken, die der Versorgung des Stadtteils dienen und von einer Gartenanlage umgeben sind.
Crater, Al-Mathaf Street • tgl. 8–18 Uhr • Eintritt 300 Rl

MUSEEN

Ethnographical Museum
► S. 115, c 2

Das Volkskundemuseum präsentiert alte Musikinstrumente, Holzläden, -fenster und -türen aus dem Hadramaut, der Region im südöstlichen Jemen, sowie traditionelle Kleidungsstücke und Haushaltsgeräte. Eine Ausstellung von Silberschmuck umfasst auch ältere Dolche, in Jemen »djambia« genannt.
Crater, Al-Mathaf Street • Sa–Mi 8–13 Uhr • Eintritt 300 Rl

Military Museum ► S. 115, c 2

Noch immer von Kanonen bewacht, bietet das schöne Haus im jemenitischen Stil als Militärmuseum auf eine Ausstellung antiker Waffen, darunter auch solche aus der Epoche der Revolution. Schwarz-Weiß-Fotos und vertrauliche Briefe hoher jemenitischer Würdenträger erinnern an die Zeit der Kämpfe gegen die Briten. Im Innenhof wiederum verblüfft die in Ehren gehaltene Statue der britischen Königin Victoria.

Crater, Sayla Road (gegenüber Ma'in Bazar) • Sa–Do 9–13 und 15–17 Uhr, Fr nur nachmittags • Eintritt 300 Rl

National Museum of Antiquities

▸ S. 115, c 2

Das Mathaf al Watani (Nationalmuseum) befindet sich im ehemaligen Palast des Sultans von Lahej, einem Bauwerk, das sich durch seine prächtige Fassade, mehrere Innenhöfe und Veranden auszeichnet. Es wird heute auch 14th of October Palace genannt. Das Museum widmet sich den südarabischen Königreichen aus vorislamischer Zeit und zeigt u. a. südjemenitische Skulpturen aus Alabaster, Figuren aus Bronze, antike Münzen und Silberschmuck sowie steinerne Inschriftentafeln der Sabäer.

Sultan Palace, Al-Aidroos Street (Ecke Sirah Street) • tgl. 8–13 Uhr • Eintritt 500 Rl

STRÄNDE

Jemenitische Strände sind nicht zum Sonnenbaden nach westlicher Art in Strandbekleidung geeignet, da dies den Moralvorstellungen widerspricht. Außerdem sind die oft durch Abfälle und Ölreste verunreinigten

Strände auch nicht sonderlich einladend. Einen recht trostlosen Eindruck macht leider auch die Meerespromenade von Aden. Reizvoll können hingegen lange Strandspaziergänge sein: **Abyan Beach** beispielsweise liegt an der Ostseite von Khormaksar und ist über die Sahil Abyan Road zu erreichen. Will man die schöne Lage des **Gold Mohur Beach** und der **Elephant Bay** vor dem Jebel Shamsan genießen, muss man mit dem Auto um den Berg herumfahren: von Maala über Tawahi, Steamer Point und durch die Small Tunnel Road nach Gold Mohur und zur Elephant Bay.

MERIAN-Tipp **10**

HOTEL CRESCENT ▸ S. 115, a 2
Hohe Räume und schattige Veranden sorgen für Kühle, eine morbide koloniale Atmosphäre prägt das gesamte Anwesen: Das dreistöckige Hotel wurde 1931 am Paradeplatz von Aden erbaut, ein Jahr später eröffnet und blickt zurück auf glanzvolle Epochen. 1954 bezog sogar Queen Elizabeth II. das Zimmer 121, das heute stolz vorgeführt wird. Der Dining Room mit seiner Terrasse erstrahlt noch im viktorianischen Glanz, auch die Lobby und Bar sowie die große Dachterrasse mit Blick über den Stadtteil Steamer Point eignen sich für eine stilvolle Pause. Trotz des Verfalls des Gebäudes nach wie vor ein Juwel und unbedingt eine Stippvisite wert.
Aden, Tawah, Ali Mohsan Street, Steamer Point • Tel. 02 20 34 71

ESSEN UND TRINKEN

Ching Sing ▸ S. 115, b 2
Seit Jahrzehnten beliebt • Chinesisch-jemenitischer Küchenmix der wohlschmeckenden Art, auch Fischgerichte und Meeresspezialitäten; berühmt für seine großen Krebse.
Maala, Madrum Street • Tel. 24 30 16 • Sa–Do 19–23 Uhr • €

Reem Tourist Restaurant
▸ S. 115, c 2
Südjemenitische Spezialitäten • Das populäre Restaurant, stets voll von Einheimischen, serviert genuin jemenitische Gerichte, leckere Vorspeisen und Desserts.
Crater, Ghandi Street • Tel. 25 44 36 • tgl. 14–23 Uhr • €

EINKAUFEN

Ma'in Bazar ▸ S. 115, c 2
Der Hauptsouk des Stadtteils Crater macht einen wenig gepflegten Eindruck, nach Regenfällen im Winter watet man durch knietiefe Pfützen, an den Wegen türmen sich leere Plastikflaschen und andere Abfälle. Dafür erhält man einen authentischen Eindruck vom jemenitischen Alltag und kann mit etwas Glück auch so manches Souvenir finden: Exotische Gewürze, Webteppiche, seltene Muscheln, Silberschmuck und »djambias« gibt es an diversen Ständen und Geschäften.
Crater • tgl. 7–13 und 16–20 Uhr, Fr nur nachmittags

SERVICE
AUSKUNFT

Auskünfte erteilen (in eher rudimentärer Form) die Museen und Reisebüros, freundlich und meist bemüht, aber nicht immer sehr kompetent.

Die Tawila Cisterns (▶ S. 114) bildeten einst ein System von Kanälen, die im 1. Jh. errichtet wurden, um das vom Berg herabströmende Wasser aufzufangen.

Ausflüge

◎ Taiz

550 000 Einwohner

Ein ganztägiger Ausflug führt in die einstige Hauptstadt des Landes, etwa zwei Autostunden von Aden entfernt und in einer der landschaftlich schönsten Regionen gelegen. Vom Gipfel des 3006 m hohen Jebel Safir liegt einem das Häusermeer von Taiz zu Füßen. In unzähligen Terrassen, zwischen Obstgärten und Feldern, ziehen sich die Steinhäuser der Bewohner bis hinunter ins Tal.

Eine 6 km lange, gut ausgebaute Straße führt zum Gipfel, auf dem es merklich kühler ist als im Tal und man eine faszinierende Aussicht genießt. Taiz, Jemens drittgrößte Stadt, beeindruckt aber nicht nur durch dramatische Gebirgskulisse und landschaftliche Vielfalt, sondern auch durch die architektonische Geschlossenheit seiner Altstadt, bestehend aus steinernen, mehrstöckigen Patiohäusern, vielen historischen Moscheen und jahrhundertealten Palästen. Wenn man das

wuchtige Stadttor Bab al-Kabir, das das südwestliche Ende der Altstadt markiert, durchschritten hat, trifft man auf zahlreiche Händler, die Datteln, Obst und Gemüse sowie den für Taiz typischen geräucherten Ziegenkäse verkaufen. Stimmungsvoll ist auch der Bummel durch die daran anschließenden Soukgassen, in denen Silberhändler ein reiches Angebot an Beduinenschmuck sowie alte Silbergürtel, Ketten mit Amulettbehältern und Armreifen in den Vitrinen und Regalen ausstellen.
140 km nordwestl. von Aden

SEHENSWERTES

Ashrafiya Mosque

Die im 13. Jh., nämlich zwei Jahrhunderte nach der Stadtgründung, zu Füßen des Hausberges erbaute Moschee prägt nach Sonnenuntergang die ansonsten eher sparsam beleuchtete Altstadt durch die perfekte Illumination ihrer weiß schimmernden Kuppeln und der beiden Minarette. Auch Nicht-Moslems dürfen in Taiz das Innere vieler Moscheen betreten. In der Ashrafiya gibt es nicht nur eine von steinernen Ornamenten verzierte Gebetshalle zu bewundern, sondern auch die Sarkophage von Al-Ashraf I und II, den im 13. Jh. in Taiz herrschenden Rasuliden. Unter dieser ursprünglich aus der Türkei stammenden Herrscherdynastie erlebte Taiz einen wirtschaftlichen Aufschwung und florierte als Zentrum von Wissenschaft und Kultur.
Ashrafiya Street

Janad Mosque

Die älteste und bedeutendste Moschee des Landes wurde in der ersten Hälfte des 7. Jh. von einem Gefährten des Propheten Mohammed, Muadh Bin Jabal, errichtet, doch geht ihr heutiges Aussehen, besonders das 70 m hohe Minarett und das große Hamam, auf Erweiterungen der Ottomanen im 17. Jh. zurück. Janad war eine Station auf der Pilgerroute von Aden nach Mekka. Weiß getünchte hohe Wände umgeben einen rechteckigen Innenhof, im Inneren tragen dicke Säulen aus dem 8./9. Jh. Arkadengänge. Die Decke der kleinen Moschee wird von Holzbalken gebildet, die Türen der Koranschule sind aus Holz geschnitzt. Die Moschee ist heute ein historisches Monument und kann daher besichtigt werden.
Janad (18 km nordöstl. von Taiz) • Sa–Do 9–12 Uhr • Eintritt frei, Spende erbeten

Mutabiya Mosque

Ganze 20 Kuppeln sind das Wahrzeichen der schneeweißen, auf das 11. Jh. zurückgehenden Moschee, deren gesamte Gestaltung ein vollkommenes Bild der Harmonie ausstrahlt. Auch wenn das Innere der Moschee nicht immer zugänglich ist (und Frauen der Eingang zum Teil verweigert wird): Ein Besuch des Gebetshauses ist allein wegen des Äußeren lohnenswert.
Mutabiya Street

MUSEEN

Imam Palace

Exzentrisch und durch und durch orientalisch: Der auf einem Hügel östlich der Altstadt thronende Imam-Palast versammelt in seinen Empfangs- und Wohnräumen die Geschenke, die im 20. Jh. an den damaligen Imam Achmed gemacht wurden, und dessen umfangreiche persönliche Sammlungen. Neben französischen Parfumflakons und antiken Füllfederhaltern, Radioapparaten, Filmprojektoren, Teppichen und Waffen sind es chinesisches Geschirr, Reitsättel und Schaukeln, die von der Sammelleidenschaft des Imams künden, der bis zur Revolution im Jahre 1962 hier residierte. Die Treppengeländer bestehen aus Wasserrohren, eine einfallsreiche, funktionale Konstruktion, über die sich der Imam besonders gefreut haben soll, ebenso wie über sein Schlafgemach, dessen Eisenbett eine elektro-mechanische Schaukelvorrichtung besitzt.

26th September Street • Sa–Do 8–12 Uhr • Eintritt 500 Rl

EINKAUFEN

Souk

Der Besuch jemenitischer Souks gleicht einer Reise ins arabische Mittelalter: Dutzende von Händlern sitzen vor großen Steinhäusern in kleinen Verkaufsbuden und offerieren Gewürze, Haushaltswaren und die traditionelle Bekleidung. Auch in Taiz ist nichts restauriert und verschönert, sondern alles alt, original und seit langer Zeit unverändert. Da Kreuzfahrer in der Regel nicht in die Hauptstadt Sana'a (mit dem größten und schönsten Souk der Region) gelangen, ist Taiz eine hervorragende Möglichkeit, ein genuin arabisches Einkaufsviertel kennenzulernen und obendrein wertvollen antiken Silberschmuck zu erwerben. Nirgendwo ist das Angebot an antikem Silberschmuck größer. Gleich mehrere große Silberhändler offerieren ein reiches Angebot. Die Preise sind Verhandlungssache (etwa 60 % des anfangs genannten Preises sind angemessen), und wie überall im Lande gilt: Je mehr man kauft, desto größer der gewährte Rabatt.

Zentrum, zwischen Bab al-Kabir und Bab Musa

In Taiz (▶ S. 119) scheint die Zeit still zu stehen: Ein Soukverkäufer in Landestracht verkauft getrockneten Fisch, Knoblauch und Bohnen.

Rotes Meer
Das Badeparadies, das auch im Winter mit angenehmen Wassertemperaturen aufwartet, ist oftmals Einstieg oder Endpunkt einer Kreuzfahrt zu den Häfen der Arabischen Halbinsel.

◄ Die Kolossalstatuen in Luxor (► S. 125) sind Zeugnisse der Hochkultur, die vor 4000 Jahren Bestand hatte.

Willkommen im Roten Meer! Die vielen Badetouristen und Taucher sorgen für eine lebhafte, betriebsame Atmosphäre. Schöner Kontrast sind Fahrten ins Landesinnere, auf denen man die Stille dieser historischen Landschaft erfährt.

Sharm el-Sheikh

40 000 Einwohner

Das bekannteste Reiseziel der Region, zudem Begegnungsstätte für politische Gipfeltreffen, war noch vor wenigen Jahrzehnten ein kleines Fischerdorf. Kilometerlange Sandstrände und ein von Korallenriffen durchzogenes, fischreiches Meer sind das größte Kapital des an der Südspitze der Halbinsel Sinai am Eingang zum Golf von Aqaba und zum Golf von Suez gelegenen Sharm el-Sheikh. Mit Dutzenden herausragender Tauchstellen finden Unterwassersportler hier ein Paradies, außerdem gibt es mehrere vor der Küste gesunkene Schiffswracks. Doch auch nur mit Schnorchel und Flossen ausgestattet, lassen sich die farbenprächtigen Fische und intakten Korallengärten küstennah bestaunen. Daneben locken Landausflüge in die Wüste und zu wahrhaft »biblischen« Zielen: zum Beispiel zum Berg Sinai und dem weltberühmten Katharinenkloster – Highlights einer jeden Kreuzfahrt.
Sharm el-Sheikh erstreckt sich über 20 km an der Küste. Das Zentrum bildet Naama Bay, südlich davon liegen Old Sharm, Ras Um El Sid, Sharm el-Mina und der Hafen, nördlich die Shark's Bay.

HAFEN

Das moderne Cruise Terminal im Sharm el-Sheikh Port liegt im Süden der Stadt. Taxis stehen bereit für Fahrten zu den umliegenden Stränden und Buchten. Tour Operator bieten Touren mit dem Minibus zum Katharinenkloster.

SEHENSWERTES

In Sharm el-Sheikh findet man keine Sehenswürdigkeiten im klassischen Sinn, auch keine Museen oder andere Spuren von Kultur. Die Essenz des Ortes heißt Sun and Fun, Shopping und Bauchtanz. Der Reiz des Aufenthaltes liegt in den umliegenden Stränden, den Schnorchel- und Tauchmöglichkeiten an den Korallenbänken sowie in Exkursionen zu Naturschönheiten der Wüste Sinai und ihrem Katharinenkloster.

STRÄNDE

El Fanar

Der Strand ist zwar etwas steinig, doch mit viel Infrastruktur ausgestattet und gut zum Schnorcheln.
Ras Um El Sid • www.elfanar sharm.com

Naama Bay

Zwischen den Hotelstränden finden sind auch öffentlich zugängliche Abschnitte, auch Schnorcheln ist hier problemlos möglich.
Naama Bay, 5 km nördl. des alten Sharm el-Sheikh

Terrazina Beach

Der öffentliche Strand mit viel Betrieb ist nicht für Schnorchler geeignet, jedoch ideal, um die typische Stimmung des Badeortes kennenzulernen.
Old Sharm el-Sheikh, Sharm el-Maya

ESSEN UND TRINKEN

Fairuz

Vielfalt an Mezzeh • Köstliche warme und kalte libanesische Vorspeisen (»mezzeh«) und dazu ein herrlicher Blick vom Freisitz auf die Stadt sichern dem Lokal ein zufriedenes Stammpublikum.
Naama Bay, Naama Center, 1. Stock, King of Bahrain Street • Tel. 3 60 43 58 • www.fairuzrestaurant sharm.com • tgl. 11–23 Uhr • €€€

Fares

Frisch & gut • Die Straße und das Innere des kleinen Restaurants sehen nicht sehr verlockend aus, doch bietet das typisch ägyptische Fischrestaurant seinen Gästen hygienisch einwandfreie und wohlschmeckende Gerichte zu günstigen Preisen.
Ras Um El Sid, Horus Mall, Old Market • Tel. 3 66 30 76 • tgl. 12–24 Uhr • €

Layaly Kan Zaman Fish Market

Orientalische Fischküche • Das Restaurant besitzt zwar keine Alkohollizenz, doch besorgt es den Gästen auf Wunsch Bier oder Wein aus dem Supermarkt, schenkt ein und serviert leckere Fischgerichte.
Naama Bay, El-Zohour Mall (gegenüber dem Hotel Cataract) • Tel. 3 60 30 77 • www.fishmarket-kanzaman. com, www.littlebuddha-sharm.com • tgl. 17–2 Uhr • €

AM ABEND

Hard Rock Café

Fans der weltweit vertretenen Clubs, in denen es auch die typischen Logo-T-Shirts und Memorabilia zu kaufen gibt, sorgen für eine quirlige Atmosphäre. Hier lässt sich ein unterhaltsamer Abend verbringen.
Naama Bay, Marina Street • Tel. 3 60 26 64 • www.hardrock.com • tgl. 12–2 Uhr, Diskothek bis 6 Uhr

Teils verengt sich das Wadi des in zarten Pastelltönen leuchtenden Coloured Canyon (▶ S. 123) bis auf wenige Meter. Das Gestein ändert je nach Sonneneinfall seine Farbe.

Pacha
Bester und größter (1200 Gäste) der Clubs, ein Ableger der Kult-Treffs auf Ibiza.
Naama Bay, Sanafir Hotel • Tel. 3 60 901 97 • www.pachasharm.com • ab 21 Uhr • Eintritt 25 LE

SERVICE
AUSKUNFT
Tourist Information
Bei Ankunft eines Kreuzfahrtschiffes hält ein kleiner Kiosk Informationsbroschüren bereit.

Ausflüge
◎ Colored Canyon ⚶
Mit dem Geländewagen geht es Richtung Norden in die Wüste, bis der Canyon erreicht ist: Geschwungene farbige Gesteinsformationen, ein einzigartiges Farbspektrum von Braun, Rot und Gelb bilden eine Welt für sich. Knapp zwei Stunden bewegt man sich zwischen den Felsen, die an Tiere und Fabelwesen erinnern. Festes Schuhwerk, Sonnenschutz und ausreichend Wasser sollten dazu gehören. Angesichts der zum Teil engen Felsdurchgänge von nur 1 m Breite sollte man über eine gute körperliche Konstitution verfügen, kein nennenswertes Übergewicht haben und auch nicht zu Platzangst neigen.
230 km nördl. von Sharm el-Sheikh (bei Nuweiba)

◎ Dahab
8000 Einwohner
Der aufstrebende Badeort bietet seinen Besuchern recht gute Einkaufsmöglichkeiten in zahlreichen kleinen Spezialitätenläden sowie eine schöne Meerespromenade und hervorragende Schnorchel- und Tauch-

möglichkeiten. Mehrere Fünf-Sterne-Hotels und zahlreiche Unterkünfte im Vier-Sterne-Segment richten sich an ein qualitätsbewusstes Publikum.
100 km nördl. von Sharm el-Sheikh

◎ Nuweiba
Üppige Palmenhaine, die Ruine eines türkischen Forts und zahlreiche luxuriöse neue Hotels prägen den Hafenort, der mittlerweile zu einem Badeort heranwuchs. Beduinen betreiben heute Cafés im orientalischen Stil, in denen Wasserpfeife geraucht wird und die Gäste auf Sitzkissen Platz nehmen. Lebhafte Marktstände und Boutiquen verbreiten eine quirlige, typisch ägyptische Atmosphäre. Der 1985 errichtete Hafen Nuweiba förderte die wirtschaftlichen Verbindungen zu den reichen Golfstaaten und kennzeichnet einen von mehreren Stadtgebieten, in die sich das weitläufige, sich über 6 km erstreckende Nuweiba gliedert.
180 km nördl. von Sharm el-Sheikh

◎ Ras Mohammed National Park ⚶
Der bereits 1983 als »Marine Protected Area« gegründete, 480 qkm große Nationalpark gilt als eines der besten Tauchreviere der Welt und wartet mit einer einzigartigen Unterwasserwelt auf, in der es ungewöhnlich geformte Riffformationen, farbenprächtige Fische und andere Meeresbewohner zu sehen gibt. Teilweise (u. a. beim sogenannten Shark Reef) fallen die Riffwände über 800 m in die Tiefe. Im Unterwasserpark sind auch noch üppige Korallenformationen und ein Labyrinth von Höhlen zu sehen. Zum Park gehören außer-

dem weit verzweigte Mangrovenge-
biete und -sümpfe sowie weite Wüs-
tenareale, Paradies auch für eine
reichhaltige Tierwelt. Hier leben u. a.
Fischadler und zahlreiche Reiher-
arten ebenso wie Wüstenfüchse und
andere kleinere Säugetiere.
20 km südl. von Sharm el-Sheikh

◎ St. Catherine's Monastery und Mount Sinai

Das griechisch-orthodoxe Katharinenkloster liegt in 1570 m Höhe
am Fuß des Mount Sinai (2285 m)
und ist UNESCO-Welterbe. Die vermutlich um 550 gegründete und von
einer festungsartigen Mauer umge-
bene Anlage ist eines der ältesten
christlichen Klöster. Es wurde inmitten karger Gebirgslandschaft in
jener Stelle erbaut, an der der Le-
gende zufolge Moses den brennen-
den Dornbusch gesehen haben soll,
aus dem Gott zu ihm sprach. Auch
der islamische Prophet Mohammed
soll das Kloster auf mehreren seiner
Reisen in die Region besucht haben.
Leider ist es mitunter schwierig, angesichts der vielen Besucher, jene
besondere Stimmung zu spüren, die
dieser spirituelle Ort ausstrahlt.
Vom Kloster ist der Gipfel des Berges
Sinai, arabisch Jebel (Gabal) Musa,
nämlich Berg Moses, genannt, über
3700 in den Stein gehauene Stufen
oder über einen weiteren Rundweg
zu erreichen. Fremdenführer zeigen jene kurz unterhalb des Gipfels
liegende Stelle, an der Moses von
Gott die Zehn Gebote erhalten haben soll. Ganz oben genießt man einen atemberaubenden Ausblick auf
die umliegende karge Gebirgslandschaft, die je nach Lichteinfall zum
Teil bläulich schimmert. Hier befinden sich auch eine Moschee aus dem
12. Jh. sowie eine 1934 auf den Über-
resten einer Kirche erbaute Kapelle.
230 km nordwestl. von Sharm
el-Sheikh

Safaga

40 000 Einwohner

Die am Roten Meer liegende kleine
Hafenstadt (55 km südlich von Hur-
ghada) täuscht mit ihren modernen,
luxuriösen Badehotels und den langen Sandstränden schnell darüber
hinweg, dass man sich hier auf histo-
rischem Boden befindet. Bereits vor
mehr als 4000 Jahren, zur Zeit der
Pharaonen, wurden an dieser Stelle
Boote gebaut und Seehandel betrieben. Safaga, die historische Hafenstadt, ist heute auch ein Paradies
für Surfer und Wassersportler. Ein
weiteres Plus des Ortes: Nach drei
bis vier Stunden Busfahrt ist man
in Luxor, einer der herausragenden
Pyramidenstätten Ägyptens.

HAFEN

Port Safaga ist ein Industrie- und
Handels- sowie Fährhafen (nach
Saudi-Arabien), 3 km außerhalb der
Stadt gelegen. Busse (zur Besichti-
gung von Luxor) holen Passagiere
vom Cruiseship Terminal ab.

SEHENSWERTES

Safagas größte Sehenswürdigkeiten
liegen unter Wasser – über zwei Dutzend Tauchspots, dazu farbenprächtige Korallenriffs, eine exotische maritime Fauna und Flora und mehrere
alte Schiffswracks, die es zu entdecken gibt. Weithin gerühmt werden auch die dunkelsandigen Strände wegen ihrer hohen Konzentration
an Mineralien und Salzen – bereits
zur Zeit der Pharaonen, so heißt es,
sei man hierher gereist, um zu kuren.

ESSEN UND TRINKEN

Im Zentrum finden sich zahlreiche gute und günstige Restaurants für italienische, arabische und internationale Küche. Beliebt sind die wechselnden Dinnerbuffets. Am empfehlenswertesten ist der Besuch eines der vielen Fischrestaurants, in denen sich das Angebot nach dem Fang des Tages richtet und neben Fisch auch Hummer, Riesengarnelen und andere Meeresfrüchte vom Grill angeboten werden. Seit Jahren beliebt bei Besuchern ist das von einem Einheimischen und dessen Schweizer Frau geleitete Restaurant **Ali Baba** wegen der gleichbleibend hohen Qualität der Küche und der freundlichen Bedienung.

Ausflug

◎ Luxor

Höhepunkt jeder Reise im Roten Meer ist ein Besuch in Luxor, denn nirgendwo sonst findet sich eine solche Ansammlung von Zeugnissen der ersten Hochkulturen. Diese stammen zumeist aus der schon von Homer in der »Ilias« beschriebenen Stadt Theben, vor 4000 Jahren spirituelles und politisches Zentrum des Pharaonenreiches. Sphinxfiguren, gewaltige steinerne Reliefs, 7 m hohe Säulenalleen – in Luxor erleben Sie das Ägypten, das man sonst nur aus dem Museum kennt.

Der bedeutendste Teil des Luxor-Tempels liegt im heutigen modernen Luxor (70 000 Einw.) auf der Ostseite des Nils. Geweiht wurde der gesamte Tempelkomplex dem »Gott des Verborgenen«, dem Wind- und Luftgott Amun, dessen Frau, der in Theben verehrten Lokalgöttin Mut, sowie ihrem Sohn, dem vogelköpfigen Mondgott Chons.

Der Tempelkomplex wird gebildet aus großen Säulenhöfen, gesäumt von gewaltigen Doppelkolonnaden. Reliefs zeigen Szenen des alten Ägypten. Betreten wird der Tempel durch eine Toranlage mit flankierenden Türmen, Pylon genannt. Im Luxortempel wurde jährlich das Opet-Fest begangen, spiritueller Höhepunkt der geheimen Riten. Dazu wurden die Statuen der Götter Amun, Mut und Chons vom etwa 3 km entfernten Karnaktempel hierher transportiert. Damals verband eine Allee von 365 widderköpfigen Spinx-Figuren die beiden Heiligtümer, teilweise sind heute noch Exemplare erhalten.

Das vier Jahrtausende alte **Karnak**, ebenso wie der Luxor-Tempel UNESCO-Welterbe, ist berühmt für sein Amun-Heiligtum und besitzt gewaltige Pylone, insgesamt neun an der Zahl, sowie Säulen, die in der Antike als Weltwunder gepriesen wurden, heute nach wie vor beeindruckende und erstaunliche Bauten, geschaffen zu einer Zeit, in der die Menschen kaum auf Technik zurückgreifen konnten. Teilweise, so fanden Archäologen heraus, arbeiteten um die 80 000 Arbeiter in der Tempelstadt. Nur über viele Jahrhunderte hinweg und während der Regierungszeit zahlreicher Pharaonen konnte das gewaltige Projekt des Amun-Tempels fertiggestellt werden. Höhepunkt ist ein Besuch im Großen Säulensaal, der sich über eine Fläche von über 5000 qm erstreckt. Hier ragen 134 gewaltige, teilweise bis zu 21 m hohe Papyrus-Säulen in die Höhe, so genannt, da diese in stilisierter Form Papyrusstauden zeigen.

215 km südwestl. von Safaga

Im Fokus

Die Wüste ruft! Viel Sand gibt es zwar auch an den zahlreichen Stränden, ein Muss ist jedoch eine Tour in die Wüste. Weit muss man dazu nie fahren.

Sozusagen die Seele der Arabischen Halbinsel ist die Wüste: bis zum Horizont aufragende, in der Abendsonne goldgelb schimmernde Sanddünen – eine weithin menschenleere Gegend, scheinbar unbeeinflusst von der Zeit. Weit muss man nicht fahren, um die Bankenhochhäuser und Shopping-malls hinter sich zu lassen und um in eine andere Welt einzutauchen, in der man barfuß auf Dünen klettert und den feinen Sand durch die Finger gleiten lässt. Da moderne Autobahnen die Vereinigten Arabischen Emirate, Bahrain und Qatar durchziehen, hat man bequem die Möglichkeit, innerhalb kurzer Zeit eine ordentliche Prise Wüstenfeeling zu schnuppern.

Desert Safaris

Neben mehrtägigen Touren erfreuen sich besonders die halbtägigen Desert Safaris großer Beliebtheit. Mit Geländewagen und wüstenerprobten Fahrern geht es weg von der Straße und hinein in den Sand. In wildem Tempo geht es über die Dünen, wer über ein ängstliches Gemüt oder einen empfindlichen Magen verfügt, wird darum bitten, etwas langsamer zu fahren – doch der eigentliche Spaß des sogenannten »dune bashing«, des Befahrens der Sanddünen, ist in der Tat das rasante Tempo, das in der Wüste an den Tag gelegt wird. Am besten ist es, man teilt sich den Wagen (in dem vier bis sechs Gäste untergebracht

◄ Sand, so weit das Auge reicht: Dünenlandschaft in der Wüste.

sind) mit Gleichgesinnten. Möglich ist es auch, sich vom Fahrer auf einer Düne absetzen zu lassen und in aller Ruhe die Landschaft zu fotografieren, durch den Sand zu laufen (was sehr anstrengend ist) und die besondere Atmosphäre und den Himmel über der Wüste zu genießen.

Wenn es dunkel wird, erreicht man ein Wüstencamp. Aus allen Richtungen kommen die Besucher angefahren, die von Einheimischen begrüßt werden. Man nimmt Platz an langen Tischen, wer mag, kann sich auf Sitzkissen oder Teppiche setzen, aber auch Stühle stehen bereit. Am offenen Feuer werden lokale Spezialitäten zubereitet, Salate, Reis- und Bohnengerichte werden in großen irdenen Schüsseln serviert. Bauchtanz (eigentlich eine ägyptische Tradition) wird vorgeführt, und ein paar Beduinenfrauen tragen auf Wunsch mit Hennapaste arabeske Muster auf die Hände der Gäste auf – ein hübscher Schmuck, der noch ein paar Wochen an den Abend erinnern wird.

Wüstenhotels

Auch wenn man nicht zum Übernachten anreist: Ein Besuch der wenigen in der Region existierenden und inmitten der Wüste liegenden Luxushotels ist eine lohnenswerte Angelegenheit. Bereits die Anreise macht Lust zum Entdecken und Erkunden der Wüste. Besonders im »Tor der Sonne«, dem Bab al Shams, einem Wüstenresort 40 km östlich von Dubai, sind Tagesbesucher willkommen. Umgeben von Sanddünen liegt das im Stil einer historischen Karawanserei gestaltete Hotel. Besucher buchen das sogenannte »Day Use Package«, können den Tag inmitten der Wüste am Pool verbringen und auf den Kamelen Ritte in die Wüste unternehmen. Daneben finden Vorführungen in der traditionsreichen Kunst der Falkenjagd statt, die, obwohl zum Leben der Einheimischen gehörend, den Blicken der Besucher für gewöhnlich verborgen bleibt. Nach Sonnenuntergang bucht man einen Tisch im 300 m von der Anlage liegenden »Al Hadheerah«-Restaurant, wo unter dem Sternenhimmel ein orientalisches Buffet aufgebaut ist und Musik und Tänzerinnen unterhalten.

Big Red

Puderzuckerfeiner Sand, der durch Eisenoxyd seine rote Farbe erhält, prägt Dubais »Hausberg«: Etwa 45 km außerhalb der Stadt an der Straße nach Hatta liegt die golden schimmernde, etwa 150 m hohe Sanddüne »Big Red«. Die »Große Rote« ist Teil eines faszinierenden Wüsten- und Dünengebietes, das sich über 7 km bis zum »Al Madame Roundabout« erstreckt. Entlang der Straße können wüstentaugliche Fahrzeuge mit Allradantrieb geliehen werden. Mit Quads und Buggys fährt man durch den Sand, ein großartiges Vergnügen auch für ungeübte Fahrer. Man kann sich auch zu zweit oder dritt einen Buggy mit Fahrer mieten, um Big Red zu erklimmen. Wer es dagegen eher gemächlich und traditionell liebt, steigt auf ein Kamel und schaukelt durch die unglaubliche Landschaft. Bei Big Red herrscht die ganze Woche über reger Betrieb, richtig voll wird es jedoch am Freitagnachmittag und Samstag, dem arabischen Wochenende, wenn junge Einheimische mit ihren Autos über den Sand preschen.

Dem Kapitän eines Kreuzfahrtschiffs
obliegt die Verantwortung für den Bord-
und Brückenbereich. Vertreten wird er
vom Ersten Offizier.

Wissenswertes über
das Arabische Meer

Nützliche Informationen für einen gelungenen
Aufenthalt: Fakten über Land, Leute und Geschichte
sowie Reisepraktisches von A bis Z.

Sprachführer Arabisch

Wichtige Wörter und Ausdrücke

ja – aiwa

nein – la

bitte (m/w) – law samaht/law samahti *oder* min fadlak/min fadlik

danke – schukran

und – we

Wie bitte? – Naam? *oder* Affandem?

Ich verstehe nicht (m/w) – ana misch fahim/fahma

Entschuldigung (m/w) – ana asif/asfa

Guten Morgen – sabah el-kheir

(Antwort darauf) – sabah en-nur

Guten Tag – misa el-kheir

(Antwort darauf) – misa en-nur

Guten Abend – misa el-kheir

(Antwort darauf) – misa en-nur

Hallo – Ahlan

Ich heiße – ana ismi

Ich komme aus – ana min ...

Wie geht's? (m/w) – izaiak/izaiik?

Danke, gut (m/w) – al-hamdulilah quweies/quweiessa

Wer, was, welcher? – min, eh, ani?

Wie viel? – kam?

Wo ist? – fen?

Wann? – imta?

Wie lange? – Ad eh waqt?

Sprechen Sie Deutsch (m/w)? – inta/inti bitkallim/bitkallimi al mani?

Auf Wiedersehen – maasselama

heute – innaharda

morgen – bukra

Zahlen

eins – wahid

zwei – itnen

drei – talata

vier – arbaa

fünf – chamsa

sechs – sitta

sieben – sabaa

acht – tamania

neun – tissaa

zehn – ashara

elf – hedashar

zwölf – etnashar

zwanzig – ashrin

einundzwanzig – wahid we ishriin

dreißig – talatin

vierzig – arbain

fünfzig – chamsin

sechzig – sittin

siebzig – sabain

achtzig – tamanin

neunzig – tissain

hundert – meya

tausend – alf

Wochentage

Montag – yom el-etnehn

Dienstag – yom el-talat

Mittwoch – yom el-aarbaa

Donnerstag – yom el-khamis

Freitag – yom el-gumaa

Samstag – yom el-sabt

Sonntag – yom el-had

Auf dem Schiff

Ahoi! – yalla!

Schiff – safina

Wo ist der Hafen? – fen el mina?

Anlegestelle – muazaf

Dampfschiff – safina buchareyah

Motorschiff – safina be motor

Kabine – kabinah

Oberdeck – satth el safinah

Wie schnell fährt das Schiff? – El markeb maschi besor'et kam?

Wann sind wir in ...? – Haneusal emta ...?

Wie lange bleiben wir in...? – Hano'od ad eh fi....?

Wann legt das Schiff ab? – El safina hat'oum emta?

Wo ankert das Schiff? – El safina hatersi fen?

Wo finde ich den Kapitän? –
Ala'ai fen el kobtan?
Wo ist die Brücke? – Fen markaz el
kobtan?
Rufen Sie bitte einen Arzt – Mom-
ken tetesel bedoktor men fadlak
Ich kann nicht schwimmen! –
Ma ba'arafsch a'aum
Wo sind die Rettungsboote? –
Fen marakeb el inkaz?
SOS – Alnagdah

Unterwegs
Wie weit ist es nach ...? –
... baiida aan hena ad eh?
Wie kommt man nach ...? –
izzay awsal lil ...?
Wo ist ... – Fen ...
– der Bahnhof/ Busbahnhof – ma-
hattit il qatr/mahattit il au tobis
– der Flughafen – il matar
– die Touristeninformation –
il maktab el-istaalamat es-sieha
– die nächste Bank? – aqrab bank?
Wo finde ich einen Arzt/eine
Apotheke – fehn aqrab doctor/
aghzakhana *oder* saidleia
rechts – yimin
links – shimal
geradeaus – aalatul
Ich möchte ein Auto/ein Fahrrad
mieten – ana ayiz/ayza aagarr aar-
abeya/aagala
Eine Fahrkarte nach – tazkara lil ...
Ich möchte ... € in LE wech-seln –
ana ayiz/ayza ahawil ... euro li
gineh

Hotel
Ich suche ein Hotel – ana badawir
aala hotel
Ich suche ein Zimmer für ...
Personen – ana ayez/ayza ghurfa
li ... afrad
Haben Sie noch Zimmer frei? –
Fi ghurfa fadia?

– für eine Nacht – leila wahda
– für zwei Tage – yomen
– für eine Woche – usbuu wahid
Ich habe ein Zimmer reserviert –
ana hagazt ghurfa wahda
Wie viel kostet das Zimmer? –
Bikam il oda *oder* ghurfa?
– mit Frühstück – bil fitar
– mit Halbpension – noss ikama
Kann ich das Zimmer sehen? –
Mumkin ashuf il oda?
Ich nehme das Zimmer –
Ana hakhud il oda
Kann ich mit Kreditkarte zahlen? –
Mumkin adfaa bil visa?

Restaurant
Die Speisekarte bitte (m/w) –
il menu law samaht/samahti
Die Rechnung (m/w) – il hisab law
sabitte maht/samahti
Ich hätte gerne einen Kaffee –
mumkin law samaht/samahti
wahid qahwa?
Wo finde ich die Toiletten? –
Fen il toilette?
Kellner – garcon
Frühstück – fitar
Mittagessen – ghadda
Abendessen – aasha

Einkaufen
Wo gibt es? – Fen alaqi
Haben Sie (m/w) – hadritak/
hadritik andak/andik
Das ist zu teuer – ghali awi
Geben Sie mir bitte 100 g/ein
Pfund/ein Kilo ... – Mumkin
tidini met gram/bi gineh/kilo ...
Danke, das ist alles – schukran
bass keda
geöffnet/geschlossen – maftuh/
maqful
Bäckerei – furn
Markt – suq
Lebensmittelgeschäft – supermarket

Sprachführer Englisch

Wichtige Wörter und Ausdrücke

ja – yes

nein – no

bitte – my pleasure, you're welcome

danke – thank you

Wie bitte? – Pardon?

Ich verstehe nicht – I don't
understand you

Entschuldigung – Sorry, I beg your
pardon, excuse me

Guten Morgen – Good morning

Guten Tag – Hello

Guten Abend – Good evening

Auf Wiedersehen – goodbye

Ich heiße … – My name is …

Ich komme aus … – I'm from …

Wie geht's? – How are you?

Danke, gut. – Thanks, fine.

wer, was, welcher – who, what, which

wie viel – how many, how much

Wo ist … – Where is …

wann – when

wie lange – how long

Sprechen Sie Deutsch? – Do you
speak German?

Bis bald – See you soon

heute – today

morgen – tomorrow

Zahlen

null – zero

eins – one

zwei – two

drei – three

vier – four

fünf – five

sechs – six

sieben – seven

acht – eight

neun – nine

zehn – ten

zwanzig – twenty

einhundert – one hundred

eintausend – one thousand

Wochentage

Montag – Monday

Dienstag – Tuesday

Mittwoch – Wednesday

Donnerstag – Thursday

Freitag – Friday

Samstag – Saturday

Sonntag – Sunday

Unterwegs

Wie weit ist es nach …? – How far is
it to …?

Wie kommt man nach …? – How do
I get to …?

Wo ist …? – Where is …?

– die nächste Werkstatt? – the
nearest garage?

– der Bahnhof/Busbahnhof? –
the station/bus terminal?

– die nächste U-Bahn-/Bus-Station/
der Flugplatz? – the nearest sub-
way station/bus stop/the airport?

– die Touristeninformation? – the
tourist information?

– die nächste Bank? – the nearest
bank?

– die nächste Tankstelle? – the
nearest gas station?

Wo finde ich einen Arzt/eine
Apotheke? – Where do I find a
doctor/a pharmacy?

Bitte voll tanken! – Fill up please!

Normalbenzin – Regular gas

Super – super

bleifrei – unleaded

rechts – right

links – left

geradeaus – straight ahead

um die Ecke – round the corner

Ich möchte ein Auto/ein Fahrrad
mieten. – I would like to rent a
car/bike.

Wir hatten einen Unfall. – We had
an accident.

Eine Fahrkarte nach … bitte! –
A ticket to … please!
Ich möchte Geld wechseln. – I'd like
to change money.

Übernachten

Ich suche ein Hotel/eine Pension. –
I'm looking for a hotel/guesthouse.
Ich suche ein Zimmer für …
Personen. – I'm looking for a room
for … people.
Haben Sie noch Zimmer frei…? –
Do you have any vacancies…?
– für eine Nacht? – for one night?
– für zwei Tage? – for two days?
– für eine Woche? – for one week?
Ich habe ein Zimmer reserviert. –
I made a reservation for a room.
Haben Sie zum Wochenende einen
Sonderpreis? – Do you offer a
special weekend rate?
Wie viel kostet das Zimmer…? –
How much is the room…?
– mit Frühstück? – including break-
fast?
– mit Halbpension? – half board?
Kann ich das Zimmer sehen? – Can
I have a look at the room?
Ich nehme das Zimmer. – I'll take
the room.
Kann ich mit Kreditkarte zahlen? –
Do you accept credit cards?

Essen und Trinken

Wir haben einen Tisch reserviert –
We have booked a table.
Die Speisekarte bitte! – Could I see
the menu please?
Die Rechnung bitte! – Could I have
the check please?
Ich hätte gern… –
I'd like to have …
Auf Ihr Wohl! – Cheers!
Wo finde ich die Toiletten (Damen/
Herren)? – Where are the rest-
rooms (ladies/gents)?

Kellner/in – waiter/waitress
Frühstück – breakfast
Mittagessen – lunch
Abendessen – dinner

Einkaufen

Wo gibt es …? – Where do I
find …?
Haben Sie …? – Do you have …?
Was ist das/wie heißt das? – What is
that/how do you call this?
Wie viel kostet das? – How much is
this?
Das gefällt mir/gefällt mir nicht –
I like it/I don't like it
Das ist zu teuer. – That's too ex-
pensive.
Ich nehme es. – I'll take it.
Geben Sie mir bitte 100 Gramm/
ein Pfund. – I'd like to have one
hundred grams/one pound
Danke, das ist alles. – Thank you,
that's it.
geöffnet/ geschlossen – open/
closed
Einkaufszentrum – shopping
mall
Kaufhaus – department store
Lebensmittelgeschäft – grocery
Briefmarken für einen Brief/eine
Postkarte nach Deutschland/
Österreich/in die Schweiz –
stamps for a letter/postcard to
Germany/Austria/Switzerland

Ämter, Banken, Zoll

Haben Sie etwas zu verzollen? –
Do you have anything to declare?
Ich habe meinen Pass/Brieftasche
verloren. – I have lost my pass-
port/my wallet.
Ich suche einen Geldautomaten. –
I am looking for an ATM.
Ich möchte einen Reisescheck ein-
lösen. – I'd like to cash a traveler's
check.

Kulinarisches Lexikon

A

achar – in Essig eingelegtes Gemüse

achar filfil – eingelegte Paprika

achar tamat – eingelegte Tomaten

adobo – Huhn und Schweinefleisch in Sojasauce (thailändisch)

aish – Reis

aloo gobi – Blumenkohl und Kartoffeln (indisch)

arous – Reis

asal tamar – Dattelbrei

asha'a: Abendessen

asir – Saft

B

baba ganoush – Auberginenpüree

baharat – Gewürzmischung aus Pfeffer, Koriander, Kümmel, Zimt, Nelken, Muskatnuss und Paprika

bakil – mariniertes gebratenes Haifischfleisch

baklawa – süßer Blätterteig

basboosa – Grießkuchen mit Mandeln

bastila – Huhn mit Mandeln im Teigmantel

batatis – Kartoffeln

baydh – Eier

biryani – Reis mit Huhn/Lamm (indisch)

borek – scharfe Pasteten mit Spinat und Hüttenkäse

C

chai – Tee

chebeh rubyan – Garnelenbällchen

chubs – Brot

chudar – Gemüse

curry – Sauce

D

dajaj – Huhn

dim sum – chinesische Snacks

djapati – Fladenbrot (Fettgebäck)

djubne – Käse

F

fakiha – Früchte

falafel – Gemüsefrikadelle

fattayer – scharfe Pasteten mit Spinat und Hüttenkase

fattush – tabouleh mit geröstetem Weißbrot

foul – dicke Bohnen

foul medames – mit Zwiebeln, Tomaten, Karotten und Gewürzen gekochte Bohnen, v. a. zum Frühstück

G

ghiraybah – Mürbeteigplätzchen

ghosht badami – Lammfleisch in Mandelsauce (indisch)

H

halal – islamische Schlachtvorschriften

halib – Milch

halwa – eine Art Götterspeise

hareis – gekochtes Lammfleisch mit Weizen

hoummus – Kichererbsenbrei mit Sesampaste, Zitronensaft, Sesamöl

J

jachni – Gulasch mit Bohnen

jubna – Käse

K

kabsa – ganzes Schaf, gefüllt mit Reis, Gewürzen und Mandeln

kahua – Kaffee

kharuf – Hammel

khobs – Brot

khouzi – gebratenes Lamm mit Reis

korma – Huhn- oder Lammfleisch mit Reis und Mandeln (indisch)

koussa mahsi – gefüllte Zucchini
kuba al aish – gefüllte
  Lammfleischbällchen
kubali/kubbeh – panierte Hack-
  fleischbällchen

L
lahm – Fleisch
loomi – getrocknete Limetten

M
ma – Wasser
machbous – Lammeintopf
mafrooda – helles Brot
manoushi – gewürztes Brot, gefüllt
  mit Fleisch und Käse
mansaf – traditionelles Beduinen-
  Dinner
mashaqiq – marinierter gegrillter
  Fleischspieß
mashwee samak – Fischgericht
  vom Grill
maskoul – Reis mit Zwiebeln
masur – gekochte Haifischstücke
matam – Restaurant
mechui – gegrilltes Lammfleisch
mehalabiya – Pistazienpudding
mezzeh – Vorspeise
mia maadiniya – Mineralwasser
muaddas – Reis mit Linsen
muhamara – pikantes rotes Püree
muhammar – süßer Reis
mutabbal – Auberginenbrei

N
nashab – gebackene Nussrollen

P
pilaw thali – Reisgericht mit
  Gemüse und Chutneys
pitta – gefülltes Fladenbrot

Q
qahwa – arabischer Kaffee mit
  Kardamom, auch: kleines Gericht
quwarmah ala dajaj – Hühner-Curry

R
rangina – Datteldessert
rus – Reis
rus bil tamar – Reis mit Datteln
rus ma'a halib – Milchreispudding

S
salata – Salat
samak – Fisch
samak narjeel – Fisch gereicht in
  Kokosmilch
samboosa – Teigtasche mit Käse-
  oder Hackfüllung
samouni – Baguette
shai – Tee
shaurabat adas – Linsensuppe
shaurbat – Suppe
shawarma – Lamm- oder
  Huhnstückchen im Fladenbrot
shishlick – Fleischspieß
shish kebab – Bratwürstchen aus
  Hammelhackfleisch
shisha – Wasserpfeife
shish tawouk – mariniertes Huhn

T
tabouleh – Mischung aus Petersilie,
  Weizen und Pfefferminzblättern
tafadall – bediene dich!
taffadal – guten Appetit! (willkommen)
tahina – Sesampaste
tamar – Datteln
taratur – (syrisch-libanesische)
  Knoblauch-Sauce
tharyd – geschmortes Lamm- oder
  Rindfleisch mit Kartoffeln
tikkas – gegrillte Fleischstückchen

U
umm Ali – Brotpudding mit Zimt
uzi – gegrilltes Lammfleisch

W
warak enab – Weinblätter mit Reis-
  füllung

Reisepraktisches von A–Z

ANREISE

MIT DEM FLUGZUG

Ist die Anreise mit dem Flugzeug zu einem Abfahrtshafen auf der Arabischen Halbinsel nicht im Arrangement enthalten, hat man die Wahl unter diversen Fluglinien, die täglich nach Dubai, Abu Dhabi (VAE), Manama (Bahrain), Doha (Qatar) und Muscat (Oman) verkehren. Einen hervorragenden Ruf genießen die Fluglinien der arabischen Länder. Qatar Airways wuchs seit ihrer Gründung (1993) zu einer der erfolgreichsten, vielfach ausgezeichneten Fluggesellschaften. Geflogen wird mit neuen Airbus-Maschinen, auch in der Economy Class ist der Sitzabstand groß, und jeder Platz verfügt über ein eigenes modernes Multimedia-System. In der Business Class lassen sich die Sitze in ein horizontal ausklappbares Bett verwandeln. Service und Mahlzeiten sind vorzüglich. Qatar Airways (www.qatarairways.com) fliegt von Frankfurt, München und Berlin nach Doha, Qatar.

Dubais nationale Fluggesellschaft, die 1985 gegründete Emirates Airline (www.emirates.com), deren rasantes Wachstum und internationaler Erfolg parallel zum Aufstieg Dubais verlief, verkehrt von Frankfurt, München, Düsseldorf, Stuttgart und Hamburg nach Dubai. Etihad Airways (www.etihadairways.com) stellt die Verbindung von Frankfurt und München nach Abu Dhabi her, Gulf Air (www.gulfair.com) von Franfurt nach Manama und Oman Air (www.omanair.com) von Frankfurt und München nach Muscat. Lufthansa (www.lufthansa.de) verkehrt von Frankfurt und München nach Manama, Muscat und Dubai. Condor (www.condor.com) fliegt von November bis April von Frankfurt aus viermal wöchentlich nach Dubai, Air Berlin (www.airberlin.com) von Berlin fünfmal wöchentlich nach Dubai. Von Zürich verkehrt Swiss Airlines (www.swiss.com) nach Dubai, von Wien und Zürich Emirates nach Dubai und Qatar Airways nach Doha, von Wien Austrian (www.aua.com) nach Dubai. Die Flugzeit zum Arabischen Golf beträgt fünfeinhalb bis sechs Stunden, einen Flug (hin und zurück) gibt es ab 350 €.

Auf www.atmosfair.de und www.myclimate.org kann jeder Reisende durch eine Spende für Klimaschutzprojekte für die CO_2-Emission seines Fluges aufkommen.

AUSKUNFT

IN DEUTSCHLAND, ÖSTERREICH UND DER SCHWEIZ

Die Niederlassungen in Deutschland sind auch für Österreich und die Schweiz zuständig (Ausnahme: Dubai).

ABU DHABI

Abu Dhabi Tourism Authority

Goethestr. 27, 60313 Frankfurt/M. • Tel. 0 69/29 92 53 90 • www.visit abudhabi.com

DUBAI

Dubai Department of Tourism

– Bockenheimer Landstr. 23, 60325 Frankfurt/M. • Tel. 0 69/710 00 20 • www.dubaitourism.de
– Hinterer Schermen 29, CH-3063 Ittigen • Tel. 0 31/924 75 99 (auch für Österreich zuständig)

OMAN
Oman Tourism
c/o Interface, Karl-Marx-Allee 91A, 10243 Berlin • Tel. 0 30/42 25 62 86 • www.omantourism.de

SHARJAH
Sharjah Tourism Authority
Fasanenstr. 2, 25462 Rellingen • Tel. 0 41 01/370 92 40 • www. sharjah-welcome.com

BORDWÄHRUNG
Auf deutschen Schiffen ist die Bordwährung der Euro, auf amerikanischen Schiffen der US-Dollar. Mit der Kreditkarte oder durch Bareinzahlung erhält man auf dem Schiff einen bestimmten Kreditrahmen, innerhalb dessen man bargeldlos per Bordkreditkarte (»charge card«) bezahlen kann.

BUCHTIPPS
Danielle & Olivier Föllmi: Die Weisheit des Orients – Tag für Tag (Knesebeck 2008) Jeden neuen Morgen (der Kreuzfahrt) mit einem Gedicht beginnen, das die Weisheit des Verstehens im Orient erhellt; ein wunderbares Buch, ergänzt mit inspirierenden Bildern des schweizerischen Fotografenpaares.
Walter M. Weiss, Kurt-Michael Westermann: Der Basar – Mittelpunkt des Lebens in der islamischen Welt (Brandstätter 2002) Ein Bildband, der den Leser mitnimmt in die märchenhafte Welt der orientalischen Souks; ideal, um sich vorher zu informieren, die Vorfreude auf eine Reise anzuregen sowie als spätere Erinnerung.
Außerdem ist zu Dubai, VAE und Oman ein MERIAN*live!*-Reiseführer im Handel erhältlich (2011).

BUCHUNGSADRESSEN
AIDA Cruises
Am Strande 3d, 18055 Rostock • Tel. 03 81/20 27 07 22 • www.aida.de

Costa Kreuzfahrten
Frankfurter Str. 233, 63263 Neu Isenburg • Tel. 0 18 05/26 78 25 • www.costakreuzfahrten.de

Hansa Kreuzfahrten
Willy-Brandt-Platz 3, 28215 Bremen • Tel. 04 21/33 46 60 • www.hansa kreuzfahrten.de

Hapag-Lloyd Kreuzfahrten
Ballindamm 25, 20095 Hamburg • Tel. 0 40/30 01 46 00 • www.hlkf.de

MSC Kreuzfahrten
Neumarkter Str. 63, 81673 München • Tel. 0 89/856 35 50 • www.msc-kreuzfahrten.de

Norwegian Cruise Line
Kreuzberger Ring 68, 65205 Wiesbaden • Tel. 06 11/3 60 70 • www.ncl.de

Peter Deilmann Reederei
Am Holm 25, 23730 Neustadt/ Holstein • Tel. 0 45 61/39 60 • www.deilmann-kreuzfahrten.de

Royal Caribbean
Lyoner Str. 20, 60528 Frankfurt/M. • Tel. 0 69/920 07 10 • www.royal caribbean.de

Transocean Kreuzfahrten
Stavendamm 22, 28195 Bremen • Tel. 04 21/3 33 60 • www.transocean.de

TUI Cruises
Anckelmannsplatz 1, 20537 Hamburg • Tel. 0 40/286 67 70 • www.tui cruises.com

EINREISE

Bei Ankunft mit dem Flugzeug in Muscat (Oman) erhält man ein Visum (»visa on arrival«), Kosten 20 RO (ca. 40 €); ein solches Visum gibt es auch auf den Flughäfen von Dubai und Abu Dhabi (VAE, kostenlos). In Manama (Bahrain) und Doha (Qatar) kostet das »visa on arrival« 5 BD (ca. 10 €) bzw. 100 QR (ca. 20 €).

FEIERTAGE

1. Januar New Year's Day
1. Mai Labour Day (Bahrain)
22. Mai Republic Day (Jemen)
27. Juni Accession Day (Qatar)
6. August Accession Day (VAE)
3. September National (Independence) Day (Qatar)
14. Oktober Revolution Day (Jemen)
18./19. November Sultan's Birthday & National Day (Oman)
2. Dezember National Day (VAE)
16. Dezember National Day (Bahrain)
25. Dezember Christmas Day (VAE)

FERNSEHEN

Die wichtigsten internationalen Fernsehprogramme werden auf Kreuzfahrtschiffen per Satellit empfangen. Zudem verfügen immer mehr Kreuzfahrtschiffe über interaktives Bordfernsehen, und es können gegen Gebühr DVD ausgeliehen werden.

GELD

Bahrain (Bahrain-Dinar)

1 BD	1,88 €/2,39 SFr
1 €	0,53 BD
1 SFr	0,42 BD

Jemen (Jemen-Rial)

100 Rl	0,33 €/0,42 SFr
1 €	304 Rl
1 SFr	239 Rl

Oman (Omani-Rial)

1 RO	1,84 €/2,34 SFr
1 €	0,54 RO
1 SFr	0,43 RO

Qatar (Katar-Riyal)

1 QR	0,19 €/0,25 SFr
1 €	5,13 QR
1 SFr	4,03 QR

Vereinigte Arabische Emirate (VAE-Dirham)

1 Dh	0,19 €/0,25 SFr
1 €	5,13 Dh
1 SFr	4,04 Dh

Ägypten (Ägyptisches Pfund)

1 LE	0,12 €/0,15 SFr
1 €	8,49 LE
1 SFr	7,18 LE

GELDWECHSEL

Auf der Arabischen Halbinsel hat jedes Land seine eigene Währung. Bargeld für individuelle Landgänge erhält man zum Teil in der schiffseigenen Wechselstube; gelegentlich kommen auch mobile Geldwechsler an Bord. Immer finden sich in der Nähe des Kreuzfahrtpiers Geldautomaten (ATM), an dem sich mit der Konto- oder Kreditkarte Bargeld beschaffen lässt. Besonders in Dubai blüht das bargeldlose Bezahlen, hier ist es gang und gebe, auch kleinere

Beträge und Fast Food mit der Kreditkarte zu begleichen. Dies gilt allerdings nicht, wenn man vorhat, im Souk zu handeln, da dort stets bar bezahlt wird.

GESUNDHEITSVORSCHRIFTEN

Es sind keine besonderen Impfungen vorgeschrieben.

INTERNET

Auf den meisten Schiffen gibt es Internet-Bereiche und -plätze mit einigen PCs, auf vielen bereits WLAN für den eigenen Laptop/Notebook/Handy. In allen Hafenstädten findet man Internetcafés; in jüngster Zeit nehmen diese jedoch in Dubai, Abu Dhabi und Qatar immer mehr ab, da mehr und mehr Cafés, Restaurants und nahezu alle Shoppingmalls über WLAN verfügen und man mit seinem PC dort problemlos online gehen kann.

KRIMINALITÄT

Bahrain, Oman, Qatar und die Vereinigten Arabischen Emirate gehören zu den sichersten Reiseländern der Welt; Raub, Überfall, Diebstahl kommen sehr selten vor. Die Einheimischen sind hier durchweg wohlhabend, und auf die im Lande arbeitenden Gastarbeiter (»expatriates«) warten hohe Geldstrafen mit sofortiger Ausweisung, falls sie sich krimineller Aktivitäten schuldig machen. Der Jemen hingegen ist bereits seit mehreren Jahren ein nicht ungefährliches Reiseland, zum einen wegen der stetigen Aktivitäten der hier verbreiteten Al-Qaida, zum anderen aufgrund der oft gewaltsam verlaufenden Auseinandersetzungen (mit Entführungen) zwischen Regierung und befeindeten Stämmen. Unbe-

einflusst davon sind die oftmals überwältigende Gastfreundschaft der Jemeniten und deren Sorge um ihre ausländischen Gäste. Wenn man z. B. im Jemen seine Geldbörse im Taxi vergessen hat, sucht der Fahrer die halbe Welt ab, um den Fahrgast zu finden und ihm die Sachen zurückzugeben.

MEDIZISCHE VERSORGUNG

Auf Kreuzfahrtschiffen ist die medizinische Versorgung gewährleistet, viele Schiffe verfügen über eine Arztpraxis und Miniklinik mit Arzt und Apotheke; Untersuchung und Behandlung müssen privat bezahlt werden.

Im Jemen sollte Wasser nur aus Flaschen getrunken werden. Der Verzehr von nichtdurchgegarten Speisen ist zu vermeiden.

REISEDOKUMENTE

Deutsche, Österreicher und Schweizer können mit einem Reisepass einreisen, der mindestens noch sechs Monate nach dem beabsichtigten Ausreisetermin gültig ist. Kinder unter 16 Jahren müssen im Pass eines Elternteils eingetragen sein oder benötigen einen Kinderreisepass.

REISEKNIGGE

Auf Landausflügen sollten Frauen Kleidung vermeiden, die eng, kurz oder gar durchsichtig ist; Männer sollten hingegen auf kurze Hosen verzichten. Ein Tuch oder ein leichter Pashmina-Schal belastet kaum und ist nützlich als Kopfbedeckung und beim Besuch einer Moschee. Auch wenn der erste Eindruck von Dubai der einer westlich geprägten Metropole ist: es ist den Einheimischen gegenüber unhöflich, deren

Kleidungsvorlieben und moralische Werte zu ignorieren, auch wenn andere Besucher oder gar im Lande lebende Ausländer dies oftmals gedankenlos tun. In der Öffentlichkeit unbedingt vermeiden muss man den Austausch von Zärtlichkeiten – diese führten vor wenigen Jahren dazu, dass ein britisches Paar in Dubai wegen Erregung öffentlichen Ärgernisses verhaftet wurde. Unter Strafandrohung gelangt auch, wer in der Öffentlichkeit erkennbar unter Alkoholgenuss steht.

Einheimische Frauen dürfen unter keinen Umständen fotografiert werden, Männer nur, wenn diese vorher gefragt werden und man ihre ausdrückliche Zustimmung hat. Ehrenrührig ist auch das Ansprechen einheimischer Frauen von männlichen Touristen, ausgenommen sind die in öffentlichen Positionen arbeitenden Frauen. Sollte man ins Gespräch mit »locals« kommen, gilt es nach wie vor als Fauxpas, sich nach deren weiblichen Familienmitgliedern zu erkundigen.

Und selbstverständlich gilt wie überall auf der Welt: Sich negativ über die Sitten und Wertvorstellungen, die Religion des Gastlandes zu äußern und die Liberalität des eige-

nen Herkunftslandes zu preisen, ist nicht nur geschmacklos, sondern auch dämlich.

REISEZEIT

Die Arabische Halbinsel ist ein Winterreiseziel. Im Sommer lähmen Temperaturen über 40 Grad und hohe Luftfeuchtigkeit jegliche Aktivitäten, selbst beim Weg ins (badewasserwarme) Meer verbrennt man sich am Strand dann die Füße. Auch während des jährlichen Fastenmonats ist das Reisevergnügen in den Ländern arg eingeschränkt. Von Sonnenaufgang bis Sonnenuntergang darf dann in der Öffentlichkeit weder gegessen noch getrunken werden, nahezu alle Restaurants öffnen erst nach Sonnenuntergang, und das öffentliche Leben kommt nahezu zum Stillstand.

Die besten Reisemonate für Kreuzfahrten zur Arabischen Halbinsel sind daher die Monate Oktober bis April, dann herrschen angenehme Temperaturen. Im September und Mai steigen die Temperaturen bereits auf 30 Grad, jedoch sorgt die Meeresbrise unterwegs an Bord für eine gewisse Kühlung. Mit Regen muss lediglich an einigen Tagen im Januar/Februar gerechnet werden,

Mittelwerte	JAN	FEB	MÄR	APR	MAI	JUN	JUL	AUG	SEP	OKT	NOV	DEZ
Tages-temperatur	20	21	24	28	33	35	37	38	36	32	27	22
Nacht-temperatur	14	15	17	21	26	28	29	30	27	24	21	16
Sonnen-stunden	8	8	8	10	11	11	10	10	10	10	10	8
Regentage pro Monat	1	2	1	1	0	0	0	0	0	0	1	1
Wasser-temperatur	22	21	23	25	27	30	31	32	32	30	27	25

Klimatabelle Dubai

dann kann es auch in den Morgen- und Abendstunden durchaus recht kühl werden.

Der Jemen hat sein eigenes Klima: In Aden ist es so wie in den anderen Ländern, im angrenzenden Bergland gibt es im März/April und Juli/August Gewitterregen, und im restlichen Land herrschen unterschiedliche Klimazonen.

SCHIFF-ABC

Achtern (Heck) – hinterer Teil des Schiffes

Auslaufen – Verlassen des Hafens

Außenkabine – Kabine mit Fenster oder Balkon

Backbord – linke Seite des Schiffes (in Fahrtrichtung)

Brücke – Kommandoraum des Kapitäns

Bug – vorderer Teil des Schiffes

Bullauge – rundes Fenster

Cabin Steward – Kabinenpersonal

Cruise Direktor – Kreuzfahrtdirektor, zuständig für Unterhaltung und Landausflüge

Deck – Etage, Stockwerk des Schiffes

Dock – Anlegestelle des Schiffes (Pier, Kai)

Einschiffen – an Bord gehen

Flotte – Bestand an Schiffen

Gangway – Treppenzugang zum Schiff

Kielwasser – Wasserspur des fahrenden Schiffes

Koje – Schlafplatz

Kombüse – Schiffsküche

Kurs – Fahrtrichtung

Lee – dem Wind angewandte Seite des Schiffes

Löschen – Entladen eines Schiffes

Lotse – Hilfskapitän für (schwierige) Häfen und Gewässer

Luv – dem Wind zugewandte Seite des Schiffes

Messe – Salon, Speisesaal

Mittschiffs – zentraler Bereich zwischen Bug und Heck

Niedergang – Treppe im Innenbereich des Schiffes

Querab – seitlich des Schiffes

Reede – vor dem Hafen (ohne Pier) vor Anker liegen

Reling – obere Bordwand des Schiffes

Ruder – Steuerung des Schiffes

Rumpf – Schiffskörper

Schlingern – seitliche Schaukelbewegungen

Schraube – Propeller des Antriebs

Seegang – Wellen-Bewegung des Wassers

Seekarten – Navigationskarten

Seemeile – 1,852 km

Sitting – Verteilen der Sitzplätze und Tische im Speisesaal

Stampfen – Schaukeln des Schiffes in Längsrichtung

Steuerbord – rechte Schiffsseite (in Fahrtrichtung)

Tendern – Übersetzen von der Reede mit kleineren Booten

Tiefgang – Maß von der Wasseroberfläche bis zum tiefsten Punkt des Schiffes

Tip – Trinkgeld an Bord

Untiefe – flache Wasserstelle

Vorsteven – vorderster Schiffsteil

Wache - Dienstzeit

SCHLÜSSELKARTEN

Jeder Passagier erhält einen Ausweis, heute meist eine elektronische Chipkarte (oft mit Bild), die die Kabine öffnet, den Ab- und Zugang beim Landausflug kontrolliert und zum bargeldlosen Bezahlen an Bord (Bordkreditkarte) verwendet wird. Die Chipkarte ersetzt zunehmend die Bordmarken, mit denen Landgänge registriert werden.

TAGESPROGRAMME

Das aktuelle Bordprogramm des nächsten Tages, das die Passagiere mit den Angeboten an Bord, etwa speziellen Veranstaltungen oder Informationsvorträgen, und mit Landausflügen bekannt macht, wird am Vorabend durch Handzettel, Bordzeitung, Aushang und internes Bordfernsehen veröffentlicht. Auch die Liegezeiten im nächsten Hafen werden damit bekannt gemacht.

TELEFON

VORWAHLEN

Ägypten 00 20
Bahrain 0 09 73
Jemen 0 09 67
Oman 0 09 68
Qatar 0 09 74
VAE 0 09 71

Von vielen Schiffen kann man (zumindest in Küstennähe) mit dem Handy telefonieren, muss jedoch die Roaminggebühren seines Providers berücksichtigen. WLAN (WiFi) ist als drahtlose Internetverbindung zunehmend verbreitet (Laptop erforderlich), jedoch nicht kostenlos. Auf vielen Schiffen gibt es Internet-Cafés, in denen nach Minuten abgerechnet wird.

TRINKGELDER

Bei einigen Schiffen ist das Trinkgeld bereits vollständig im Reisepreis enthalten. Bei vielen Kreuzfahrtschiffen wird ein bestimmter Prozentsatz oder Betrag als Trinkgeld mit der Bordkreditkarte abgebucht oder einbehalten; bei einigen kann man dieser Prozedur widersprechen. Man rechnet mit Beträgen zwischen 5 und 10 € pro Person und Tag, und am Abend vor dem Ausschiffen findet man in der Kabine Umschläge mit der Aufschrift »es dankt Ihr Steward« und »es dankt das Restaurant-Team«. Der Kabinensteward erhält ca. 2 €, der Oberkellner ebenfalls und sein Gehilfe 1,50 € pro Person und Tag.

TRINKWASSER

Das Wasser an Bord hat Trinkwasserqualität.

WÄSCHE

Wie jedes große Hotel verfügen auch alle Kreuzfahrtschiffe über einen Wäscheservice.

ZEITVERSCHIEBUNG

In Bahrain, Jemen und Qatar gilt die Arabia Standard Time (MEZ + 2 Stunden), im Oman und den VAE die Gulf Standard Time (MEZ + 1 bzw. 2 Stunden im Sommer, MEZ + 3 Stunden im Winter) und in Ägypten die Eastern European Time (MEZ + 1 Stunde, Abweichungen durch die Umstellung auf Sommerzeit sind möglich).

ZOLL

Reisende aus Deutschland und Österreich dürfen Waren im Wert von 300 €, bei Flug- bzw. Seereisen von 430 € (Jugendliche: 175 €) abgabenfrei mit nach Hause nehmen, Reisende aus der Schweiz im Wert von 300 SFr. Die Waren müssen für den privaten Gebrauch vorgesehen sein. Tabakwaren und Alkohol fallen nicht unter diese Wertgrenze und bleiben in bestimmten Mengen abgabenfrei (z. B. 200 Zigaretten, 4 l Wein).
Weitere Auskünfte erhalten Sie unter www.zoll.de, www.bmf.gv.at/zoll und www.zoll.ch.

Kartenatlas

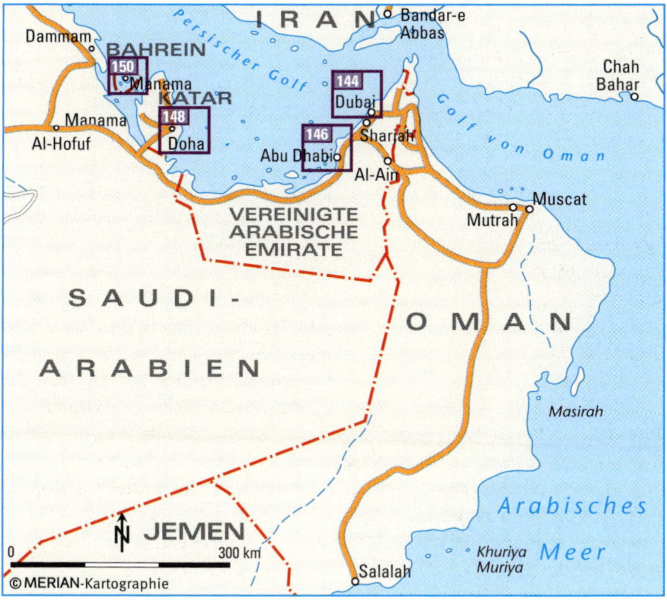

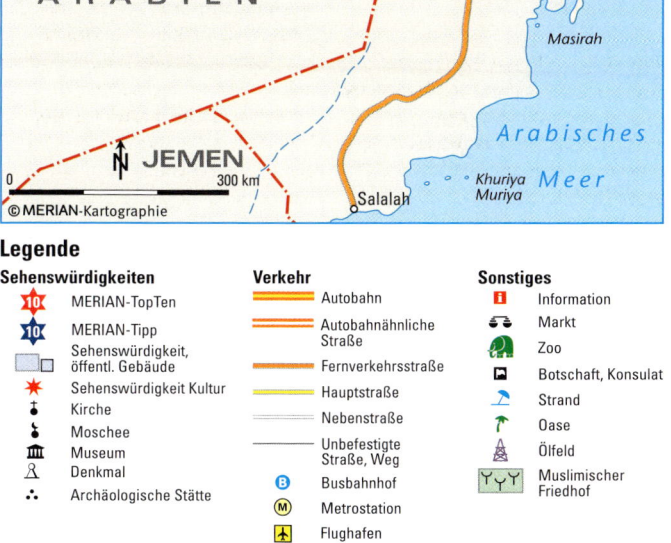

Legende

Sehenswürdigkeiten

10	MERIAN-TopTen
10	MERIAN-Tipp
	Sehenswürdigkeit, öffentl. Gebäude
✳	Sehenswürdigkeit Kultur
⚲	Kirche
⚲	Moschee
🏛	Museum
𝔄	Denkmal
∴	Archäologische Stätte

Verkehr

	Autobahn
	Autobahnähnliche Straße
	Fernverkehrsstraße
	Hauptstraße
	Nebenstraße
	Unbefestigte Straße, Weg
Ⓑ	Busbahnhof
Ⓜ	Metrostation
✈	Flughafen

Sonstiges

ℹ	Information
🛒	Markt
🐘	Zoo
▣	Botschaft, Konsulat
⚓	Strand
🌴	Oase
⛏	Ölfeld
ⵉⵉⵉ	Muslimischer Friedhof

Dubai

A

B

C

Corniche Road

Al-Khaleej Road

16th

Pedestrian
Underpass

Al-Ghabiba
Roundabout

Al-Daghaya St.

18th

Fish
Market

Bol
Mos

Gold
Souk

Parfum
Souk

New Gold
Souk

Al-Sabkha Rd.

Spice Souk

B

Heritage &
Diving Village

Al-Shindagha Rd.

Al-
Shindagha

Khor Street

Al-Ahmadiya
School

Sheikh Saeed
Al-Maktoum House

Al-Ahmadiya St.

Al-Ras Road

Deira
Old Souk

Al-Khaleej Road

Bani Yas Road

Ruler's
Court

Dubai
Grand
Mosque

Dubai
Old Souk

Deira

Market

Bayt
Al-Wakeel

Bastaki

Port
Rashid

Market

Textile
Souk

Local
House

Al-Fahidi Fort,
Dubai Museum

Al-Ghabba Road

Al-Fahidi
Roundabout

3rd

Falcon
Roundabout

Al-Riffaa Street

Al-Fahidi St.

25th St.

Al-Nahdha

Al-Fahidi St.

Al-Saidiya
Roundabout

13 A St.

17th St.

Bur Duba

37 D. St.

Al-Hisn St.

Khalid Bin Al-Waleed Road

Khalid Bin Al-Waleed Road

1 A St.

1 B St.

10 A St.

18th St.

9 B. St.

Al-Rola
Road

Al-Mankhool Road

7th St.

9 A St.

4 A St.

4 B St.

Burjuman
Mall

9 C St.

Mina Road

Kuwait Road

28th St

12 C. St.

15 A St.

17 A St.

10 B St.

12 A St.

5 B St.

11 B St.

28th St.

Sheikh Khalifa Bin Zayed Road

Dubai Zoo, Burj Al Arab 1

Burj Khalifa 2

The Palm Jumeirah 3

24 C. St.

37th St.

35 A St.

19 A St.

23 A St.

8 C St.

1 D C. St.

15 B St.

17 B St.

19 B St.

Kuwait Road

23 B St.

28 B St.

2 B St.

4 B St.

Al-Adid Road

Al-Mankhool Road

31st St.

43 A St.

33rd St.

Al-Karama

M

30th St.

29 A St.

2 B St.

1 C. St.

Al-Karam
Shoppin
Centre

43 A St.

Al-Adid Road

43 B St.

2 C St.

Sheikh Khalifa Bin Zayed Road

45 A St.

45 B S

Jumeirah Mosque

2

© MERIAN-Kartographie

World Trade Center,
Emirates Golf Club,
Jebel Ali, Abu Dhabi

Al-Qataiyat Rd.

Zabeel
Park

A

B

C

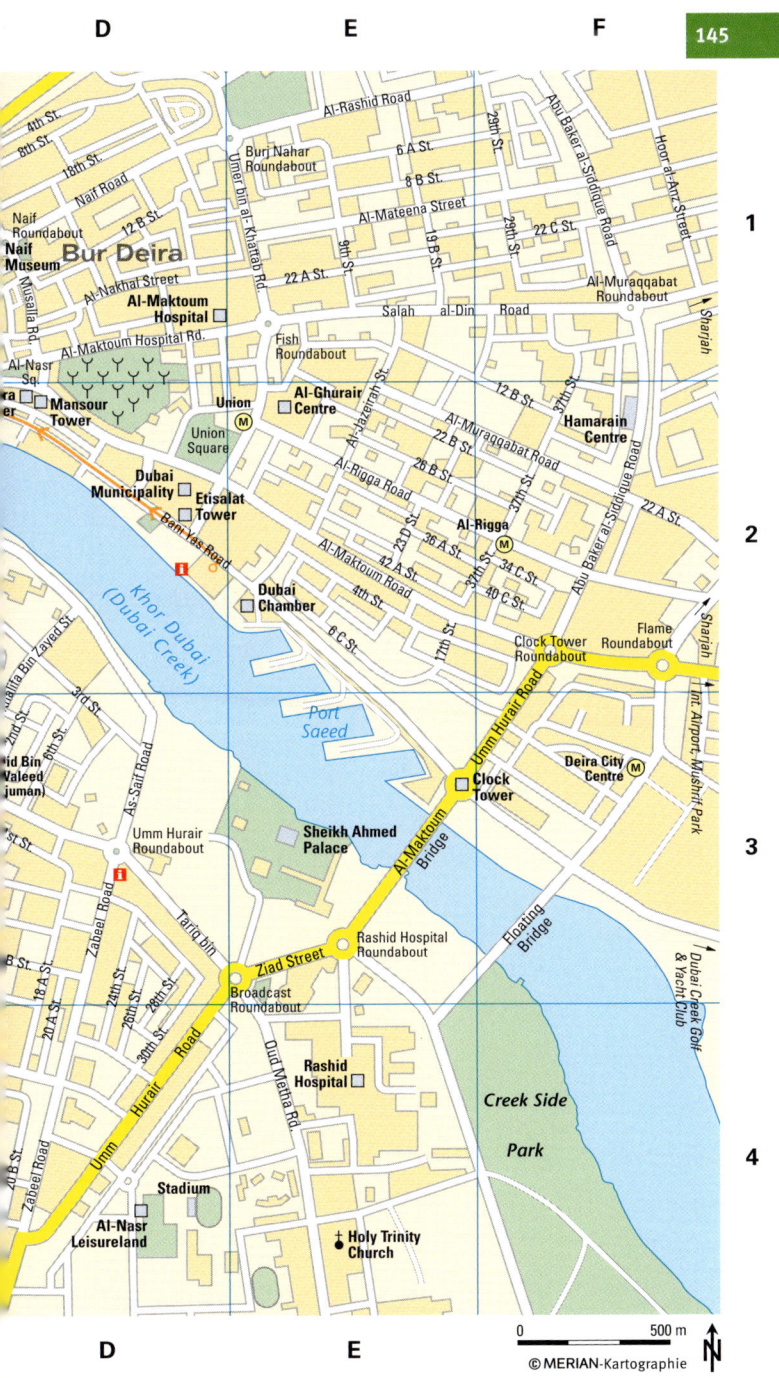

D   E

Abu Dhabi

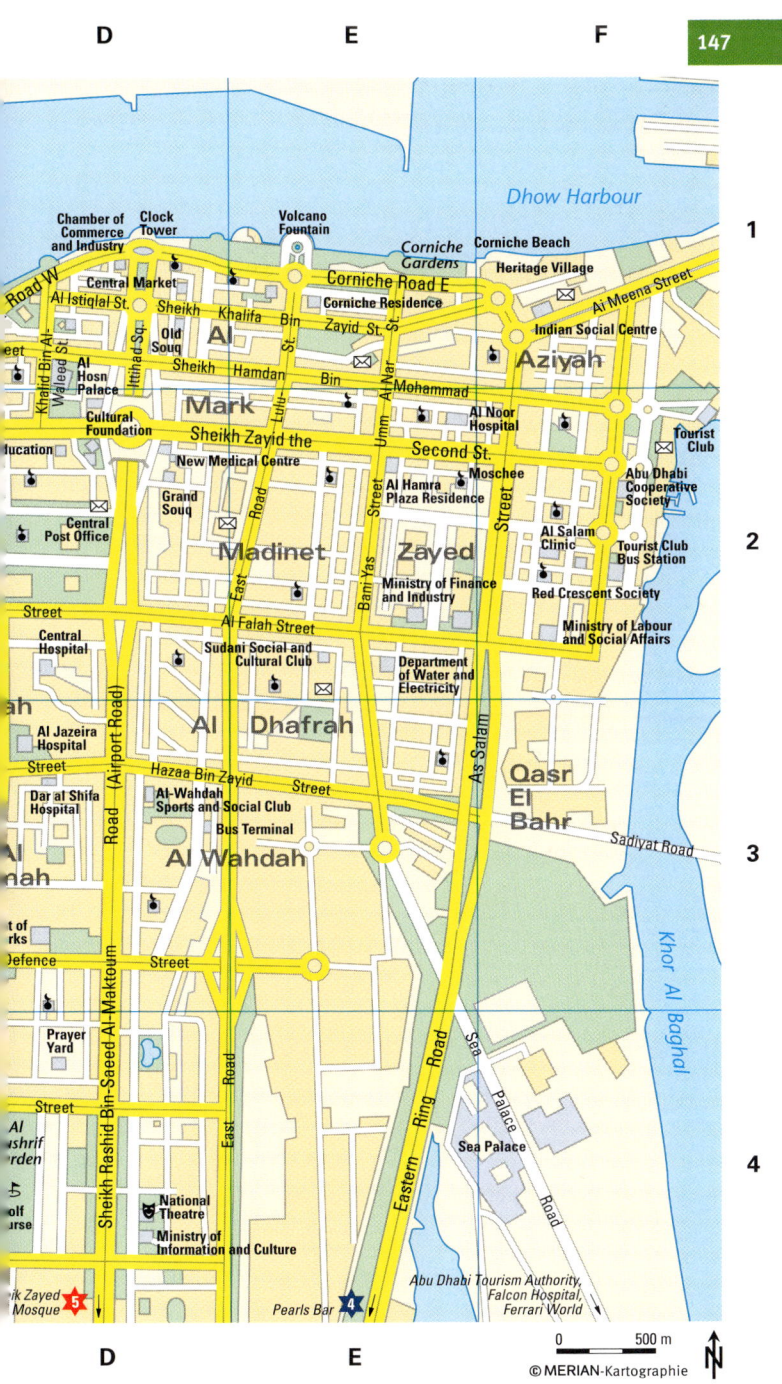

1

Dhow Harbour

Chamber of Commerce and Industry
Clock Tower
Volcano Fountain
Corniche Gardens
Corniche Beach
Heritage Village
Central Market
Corniche Road E
Corniche Residence
Road W
Al Istiqlal St.
Sheikh Khalifa
Al
Old Souq
Sheikh Zayed St.
Al Meena Street
Indian Social Centre
Khalid Bin Al-Waleed St.
Itthad Sq.
Bin
Sheikh Hamdan
Bin
Al Aziyah
Al Hosn Palace
Mark
Sheikh Zayed the
Umm Al Nar
Al Mohammad
Al Noor Hospital
Tourist Club
Cultural Foundation
lucation
New Medical Centre
Second St.
Moschee
Abu Dhabi Cooperative Society
Grand Souq
Al Hamra Plaza Residence
Bani Yas Street
Street
Al Salam Clinic
Tourist Club Bus Station

2

Central Post Office
Madinet
Zayed
Ministry of Finance and Industry
Red Crescent Society
Street
Central Hospital
Al Falah Street
Sudani Social and Cultural Club
Department of Water and Electricity
Ministry of Labour and Social Affairs
Al Jazeira Hospital
Al
Dhafrah
Street
Dar al Shifa Hospital
Road (Airport Road)
Hazaa Bin Zayed
Street
As Salam
Qasr El Bahr
ah
nah
Al-Wahdah Sports and Social Club
Bus Terminal
Al Wahdah
Sadiyat Road

3

t of rks
Sheikh Rashid Bin-Seeed Al-Maktoum
Street
Khor Al Baghal
Defence
Prayer Yard
East Road
Sea Palace Road

4

Al shrif rden
Street
lf urse
Sea Palace
Eastern Ring Road
National Theatre
Ministry of Information and Culture
Abu Dhabi Tourism Authority, Falcon Hospital, Ferrari World
ik Zayed Mosque **5**
Pearls Bar **4**

0   500 m
© MERIAN-Kartographie
N

A   B   C

Doha

Restaurant Al-Moujan,
The Pearl, West Bay Lagoon,
Qatar Tourism Authority

Al Corniche

Dhow Harbour

Al Jasra

Biddia

St.

1

Doha Palace

Al Diwan
Al Emiri

Al Corniche St.

Ministry of
Foreign Affairs

Capital Security
Department

Qatar
Central
Bank

Al

Clock
Tower

Al Jasra
Cultural Club

Abdulla Bin Jasim St.

Abdulla Bin

Al Diwan

Jasim Bin Mohammed

Sahal Al
Jasra

Souq
al-Waqif

Aba Al
Haneen
St.

Al Tarbiy

Gulf
Plaza

Al   Rayyan   Road

Sahet Al Souq

Al Ahmed

2

Abu Al Fadhi St.

Al Dahnaa
St.

St.

Souq Wadji St.

Al Ahmed St.

Grand

Al Ahmed

Ibn Al Nafees

Ukaz

Al Qafaa

St.

Fath

Al Dhuha
St.

Musheireb

Al Koot Fort
Mus.

Al Koot St.

Al Ashat

Al Fardan
Centre

Ukaz

Al Ittehad St.

Abdulla Bin Thani St.

Al Eid

Ali   Bin

St.

Hamad

Kahraba

Al Zubail

Deera

Barahat Al Jutam St.

Ibn Al Majm St.

Al Madina

Al Shiraa St.

Al Mariny St.

Al Nakheel St.

St.

St.

Ihsan St.

St.

Madina St.

Al Adhwaa
St.

Musheireb

Umm

Wishah

Umm Moasfi

Wishah

St.

Asmakh

Al Buttum St.

Cross
Swords

Q-Tel

Ibn Al Waleed St.

Abdul AzizBin Ahmed St.

Al Maymoun St.

Al Nadwa St.

Ibn
Abbas St.

Salala St.

Barzan St.

Ahmed

3

A-Ring

St.

Umm Al Messila

Areeq St.

Bilal
Towers

Road

Wadi

Al Sulaini

Umm Al Shebin St.

Jaidah
Towers

Ministry of Munioipal
Affairs and Agric.

Mousa Bin Nusair

St.

Al

Oasis Bin Aasim
St.

Ibn Herbi St.

Al Nisr St.

Umm Al Hawi St.

Al Doha Al Jadeeda

Zurara Bin Amr

Mousa Bin Nusair

Al Zubair St.

Al Ishraq

Al

Muntazah

Al Khattab

Abdul
Satah

Aras Bin Malik

Al Nada

Salam

St.

St.

St.

Farek Abdul
Aziz Mosque

Suraqa Bin
Malik St.

Al Khateeb St.

Salah Al Deen

Satah

Al Deeni

St.

Al D

Haritha Bin
Suraqa St.

Ibn Al

St.

Al Mughira Bin Shuba

Abdul Aziz

Al Farabi St.

Al Sulaimi

St.

Al Nada

Ziyad Bin Eyadt

Al Hatham

Aqaba St.

Al Khateeb St.

Nawwaf
St.

Muaath Bin Jabal St.

St.

4

Ibn Al Arqam St.

Shantiniketan
Indian School
and Kindergarden

Mars Trading &
Condrating

Al Nada

St.

Al Malki
Tower

Ibn Othman St.

Al Mansoura
School

Al Huda
Kindergarten

B-Ring Road

Al Uthouba

Ibn Dirhim

St.

Ibn Eyadh St.

Al Khuun St.

Int´l Education
Centre

A   B   C

© MERIAN-Kartographie

Manama

Royal College Of
Surgeons In Irelan

A   B   C

1

*Manama
Lagoon*

Airport

Muharraq

Bahrain Bay
Projekt

Shaikh
Hamad
Mosque

Sail
Monument

*Diplomatic
Area*

Causeway

Currency
Museum

Bahrain
WTC

Rd. 1708

National Museum

Abu Mahir
Fort

2

Bait
al-Quran

Art Centre

Khaw

Government Ave.

Ras Rumman

Ice-skating
Centre

Al Awadhiya
Mosque

Fish Monument

Dolphin Park

†

Marina Corniche

Al Zubara Avenue

Hoora

Water Fountain

Qudaybiyah Avenue

*Qudhaibiya
Bay*

Public
Library

Modern
Craft Centre

Shaikh Daij Ave.

Sh. Isa
Islamic Library

Gudhibiya

Shaikh Hamad
Palace

Qudaybiyah
Palace

Ahmed al-Fateh
Mosque

3

Al Shabab Avenue

2728 Road

Osama Bin
Zaid St.

Al Guraifa

Adliya

2431 Road

Al
Mahooz

22 Avenue

Juffair Avenue

Um Al Hassam

Juffair
Avenue

American
Naval Base

4201 Rd.

Shaikh Isa Bin Salman

Kuwait Avenue

Shaikh Khalifa Bin Salman Avenue

3511 Road

4

4306 Road

Minaa Salman

A   B   C

Galali

Bay of Arad

Airport Avenue

Arad Highway

Bahrain International Airport

Al Hidd Highway

Aradous Highway

Muharraq Sports Club

4034 Road

46 Avenue

4330 Road

44 Avenue

Al Hidd Highway

Asry Avenue

1

Arad Fort

29 Avenue

Arad

44 Avenue

4402 Road

4433 Road

Hatim Al Taie Avenue

Al Hidd Avenue

45 Avenue

32 Avenue

453 Road

Halat Sulatah

46 Avenue

Al Hidd

Halat Naim

Zimna Bay

Hatim Al Taie Avenue

Asry Avenue

2

I Qulayah

Hatim Al Taie Avenue

Shaikh Khalifa Bin Salman Crossway

Shaikh Khalifa Bin Salman Crossway

Dry Dock Highway

Hidd Power Company

3

1688 Road

Marine Service

T u b l y   B a y

Dry Dock Highway

4

0   1 km

© MERIAN-Kartographie

N

Kartenregister

ABENTEUER AUS ERSTER HAND.

Orts- und Sachregister

Wird ein Begriff mehrfach aufgeführt, verweist die **fett** gedruckt Zahl auf die Hauptnennung, eine *kursive* Zahl auf ein Foto.
Abkürzungen:
Hotel [H]
Restaurant [R]

Liebe Leserinnen und Leser,
vielen Dank, dass Sie sich für einen Titel aus unserer Reihe MERIAN *live!* entschieden haben. Wir freuen uns, Ihre Meinung zu diesem Reiseführer zu erfahren. Bitte schreiben Sie uns an merian-live@travel-house-media.de, wenn Sie Berichtigungen und Ergänzungen haben – und natürlich auch, wenn Ihnen etwas ganz besonders gefällt.

Alle Angaben in diesem Reiseführer sind gewissenhaft geprüft. Preise, Öffnungszeiten usw. können sich aber schnell ändern. Für eventuelle Fehler übernimmt der Verlag keine Haftung.

© 2012 TRAVEL HOUSE MEDIA GmbH, München
MERIAN ist eine eingetragene Marke der GANSKE VERLAGSGRUPPE.

1. Auflage

Alle Rechte vorbehalten. Nachdruck, auch auszugsweise, sowie die Verbreitung durch Film, Funk, Fernsehen und Internet, durch fotomechanische Wiedergabe, Tonträger und Datenverarbeitungssysteme jeglicher Art nur mit schriftlicher Genehmigung des Verlages.

BEI INTERESSE AN DIGITALEN DATEN AUS DER MERIAN-KARTOGRAPHIE:

iPUBLISH GmbH, Abt. Cartography
kartographie@travel-house-media.de

BEI INTERESSE AN ANZEIGENSCHALTUNG:

KV Kommunalverlag GmbH & Co KG
MediaCenterMünchen
Tel. 0 89/92 80 96 44
winzer@kommunal-verlag.de

Ein Unternehmen der
GANSKE VERLAGSGRUPPE

TRAVEL HOUSE MEDIA
Postfach 86 03 66
81630 München
merian-live@travel-house-media.de
www.merian.de

PROGRAMMLEITUNG
Dr. Stefan Rieß
REDAKTION
Simone Lucke
LEKTORAT
Beate Martin
BILDREDAKTION
Lisa Grau
SCHLUSSREDAKTION
Ulla Thomsen
SATZ
Nadine Thiel | kreativsatz
REIHENGESTALTUNG
Independent Medien Design, Elke Irnstetter, Mathias Frisch
KARTEN
Gecko-Publishing GmbH für MERIAN-Kartographie
DRUCK UND BUCHBINDERISCHE VERARBEITUNG
Stürtz Mediendienstleistungen, Würzburg
GEDRUCKT AUF
Eurobulk von der Papier Union

MIX
Papier aus verantwortungsvollen Quellen
FSC
www.fsc.org
FSC® C043954

BILDNACHWEIS

TItelbild (Burj Al Arab): Mauritius Images: Alamy
AIDA Cruises/Calypso Restaurant 18 • Anzenberger: F. Giaccone 110, R. Haidinger 80 • Bildagentur Huber: Gräfenhain 105, 117, Hallberg 84, Kaos02 10/11, Mirau 34, F. Olimpio 122, Ritterbach 120, R. Schmid 45, 61, 90, 93, G. Simeone 42 • Caro Fotoagentur: Sorge 20 • dpa Picture-Alliance: abaca/Abd Rabbo Ammar 75, abaca/Mousse 26, epa/A. Haider 48, F. Robichon 83, World Picture 58 • F1 online: AGE/S. Grandadam 16, AGE/J. C. Muñoz 2 • Fotolia: G. Bogicevic 22, Enet2007 30 • Imago: Becker & Bredel 12, Blickwinkel 112, imagebroker 101, J. Tack 68, 108 • Laif: P. Bialobrzeski 32/33, Bibby/Financial Times/REA 41, Explorer/D. Berbain 71, 73, C. Heeb 86, 107, hemis.fr/F. Manin 55, hemis.fr/R. Mattes 24, 57, hemis.fr/C. Moirenc 94, hemis.fr/P. Seux 102, F. Heuer 15, A. Krause 77, Le Figaro Magazine 52, Scagnetti/Reporters 98, G. Standl 97, The NewYorkTimes/Redux 4 • Look-Foto: B. Limberger 128/129 • Mauritius Images: Alamy 65, imagebroker/H. Lippert 46 • Photononstop: F. Soreau 111 • Schapowalow: Wawra 119 • Shutterstock: Hainaultphoto 38, wiw 126 • Your Photo Today: E. Bach 62